Deutschdidaktik aktuell

Hrsg. von Günter Lange · Werner Ziesenis

Band 13

Der Umgang mit dem Lesebuch

Analyse – Kategorien – Arbeitsstrategien

von

Swantje Ehlers

Schneider Verlag Hohengehren GmbH

Deutschdidaktik aktuell

Herausgegeben von Günter Lange und Werner Ziesenis

Umschlaggestaltung: Satz & Litho, 59519 Möhnesee

Gedruckt auf umweltfreundlichem Papier (chlor- und säurefrei hergestellt).

Bibliografische Information Der Deutschen Bibliothek

Die Deutsche Bibliothek verzeichnet diese Publikation in der Deutschen Nationalbibliografie; detaillierte bibliografische Daten sind im Internet über ›http://dnb.ddb.de‹ abrufbar.

ISBN 3-89676-626-0

© Schneider Verlag Hohengehren, 73666 Baltmannsweiler 2003.
Printed in Germany – Druck: Hofmann, Schorndorf

Inhaltsverzeichnis

Vorwort der Reihenherausgeber

Deutschdidaktik aktuell ist eine neue Studienreihe, in der möglichst viele relevante Themen des Faches Deutsch in grundlegenden Monographien behandelt werden.

Alle Bände dieser Reihe besitzen in der Regel eine vergleichbare Struktur. In einem ersten Teil werden jeweils die theoretischen Grundlagen eines Themas dargestellt, und zwar sowohl die fachwissenschaftlichen Voraussetzungen als auch die entsprechende didaktische Diskussion. In einem zweiten Teil werden Fragen der Unterrichtspraxis behandelt und, wenn möglich, konkrete Unterrichtsmodelle vorgestellt.

Deutschdidaktik aktuell plant und bietet Einzelbände:

– zu den Grundfragen der Deutschdidaktik
  (z. B. Schriftspracherwerb, handlungs- und produktionsorientierter Literaturunterricht, projektorientierter Deutschunterricht)
– zur Sprachdidaktik
  (z. B. Grammatikunterricht, mündlicher Sprachgebrauch, schriftlicher Sprachgebrauch, Didaktik des Rechtschreibens)
– zur Literatur- und Mediendidaktik
  (z. B. Drama, Roman, epische Kurzformen, Kinder- und Jugendliteratur, Theater, Zeitung und Zeitschrift, Film und Fernsehspiel im Unterricht)

Dabei können die einzelnen Themen mit Stufenschwerpunkt oder schulstufenübergreifend behandelt werden.

Deutschdidaktik aktuell richtet sich an ein breites Lesepublikum, also nicht vorrangig an Hochschullehrerinnen und -lehrer, sondern vielmehr an Studentinnen und Studenten, Referendarinnen und Referendare, Lehrerinnen und Lehrer.

Dem Lesebuch als Unterrichtsmedium kommt offenbar ein besonderer Stellenwert zu.

Immer wieder hat es zu aktuellen und weitreichenden Diskussionen herausgefordert: Ob seine Inhalte angemessen und noch zeitgemäß seien, ob es eher nach Themen oder nach Gattungen gegliedert sein solle, ob seine Texte eher Wirklichkeit oder literarische Bildung vermitteln sollen, ob es ein Arbeitsbuch sein oder besser den Charakter einer Anthologie haben soll.

Die 'Diskusssion um das Lesebuch' prägte seine Entwicklung in Oppositionen. Den von 'Gesinnungskreisen' bestimmten Lesebüchern der Nachkriegszeit trat in den 60er Jahren das 'literarische Arbeitsbuch' gegenüber, das nach Gattungen gegliedert war und die literarischen Formen in den Vordergrund stellte. Der ernsthafteste Gegenspieler des literarischen Arbeitsbuches wurde (Anfang der 70er Jahre) das von politischen Motiven geleitete 'kritische Lesebuch'. Die Antwort darauf waren kommunikativ begründete, also von den Interessen der Schüler ausgehende, und schließlich in den 80er und 90er Jahren produktionsorientierte Lesewerke.

Diese Entwicklungsschritte gehen unmittelbar einher mit den wechselhaften Bewegungsabläufen in der Literaturdidaktik überhaupt. Lebenshilfe- und Leitbilddidaktik, literarästhetische, kritische, rezeptions- und produktionsorientierte Literaturdidaktik waren die entsprechenden Positionen nach 1945.

Die didaktische Kernaussage Swantje Ehlers', auf die sie letztlich ihre gesamten Ausführungen baut, lautet: Das Lesebuch ist mehr als ein Lektüreangebot, nämlich ein Unterrichtsmedium mit spezifischen und weitreichenden Lehrfunktionen: kulturellen, pädagogischen und gesellschaftlichen, sozialisatorischen und literarischen. Das erklärt noch einmal die nie abreißende Diskussion um das Lesebuch wie die Spezifik seiner Entwicklung.

Das derzeitige umfangreiche Lesebuch-Angebot (siehe die Auflistungen bei Ehlers) ist einerseits, blickt man auf die Entwicklung des letzten Jahrhunderts zurück, gekennzeichnet durch die verschiedensten Mischformen. Andererseits lässt sich dennoch eine Typisierung vornehmen. Swantje Ehlers unterscheidet zwischen (1) dem „literarischen Lesebuch", das sich primär als Text- und Lektüreangebot versteht, (2) dem „Lesebuch, das sich als Lese- und Arbeitsbuch versteht" und unter den Vorzeichen der Produktionsorientierung Methodenteile, Werkstätten, Magazine und dergleichen anbietet, (3) dem „integrativen Lesewerk, das Sprach- und Lesebuch in einem ist" und das heute offenbar im Sinne einer aufeinander bezogenen Schreib- und Leseförderung eine Renaissance erfährt. – Zu jedem der drei Typen werden beispielhaft Lesewerke angeführt.

Die Arbeit von Frau Ehlers zielt in ihren Hauptteilen auf die Vermittlung von Analysekategorien und Arbeitsstrategien und damit auf einen reflektierten 'Umgang mit dem Lesebuch'. Daran scheint es in der Unterrichtspraxis vielfach zu mangeln, und in der Lehrerausbildung wären entsprechende Bewertungskompetenzen anzubahnen.

Die Analysekategorien, die der Band anbietet, reichen von der Lesebuchkonzeption über Themen und Inhalte sowie Gattungen bis hin zu Untersuchungs- und Bewertungskriterien für Lehrerbände und Schülerarbeitshefte. Alle Bereiche werden äußerst sorgsam und differenziert aufgearbeitet. Den zentralen Kapiteln sind tabellarische Prüffragen vorangestellt, ein weiteres Instrumentarium bilden die angefügten Arbeitsblätter.

So ist das Buch vielfältig und gezielt in Gebrauch zu nehmen.

Braunschweig und Göttingen, im Oktober 2002   Günter Lange

                                                                Werner Ziesenis

Vorwort

Adressaten

Dieses Buch wendet sich an Lehrerinnen und Lehrer, an Studierende in der Lehrerausbildung und an Fachdidaktiker.

♦ Studierende:
Für Studierende bietet dieses Buch eine Einführung in das Unterrichtsmedium „Lesebuch". Den Studierenden sollen Kriterien zur Analyse und Beurteilung von Lesebüchern an die Hand gegeben werden, um ihre Einsatzmöglichkeiten im Deutschunterricht zu prüfen. Zugleich versteht sich dieses Buch als ein Beitrag zur Weiterentwicklung didaktisch-methodischer Kompetenzen in Bezug auf den Literaturunterricht.

♦ Lehrerinnen und Lehrer:
Für Lehrerinnen und Lehrer bietet dieses Buch eine fachwissenschaftliche und -didaktische Fortbildung, da Lesebücher den aktuellen Forschungsstand in den Bezugsdisziplinen, die für die Gesamtkonzeption eines Lesebuchs mit herbeigezogen werden müssen, integrieren. Es enthält Informationen zu gegenwärtigen literaturdidaktischen Positionen, zu Themen, zur Unterrichtsorganisation und bietet damit dem Lehrer vielfältige Impulse für die Arbeit mit neuen Lesewerken.

♦ Fachdidaktiker:
Das Lesebuch ist ein curriculares Element der Lehrerausbildung. Daher kann dieses Buch als Grundlage und Quelle für Seminare zum Thema „Das Lesebuch als Unterrichtsmedium" dienen.

Ziele

Dieses Buch versteht sich als eine Einführung in das Unterrichtsmedium „Lesebuch". Es wird schrittweise ein Analyseraster entwickelt, das pragmatisch handhabbar ist für den Unterricht und die Lehrerausbildung. Das Bereitstellen von Kategorien zur Untersuchung von Lesebüchern und das Erarbeiten ihrer Funktionsvielfalt bietet dem Schulpraktiker wie dem Fachdidaktiker eine Grundlage für die Bestimmung des didaktischen Ortes von Lesebüchern im Unterricht. Es soll eine Grundlage für die Beurteilung und Auswahl von Lesebüchern vermittelt werden. Lehrerinnen und Lehrern bietet es zugleich eine Fortbildungsmöglichkeit und dient damit ihrer Professionalisierung, da der aktuelle fachwissenschaftliche und didaktische Erkenntnisstand in Lesebücher eingeht.

Der Darstellungsstil dieser Publikation ist eher deskriptiv und analytisch. Wertungen werden weitgehend vermieden, da es darum geht, den Benutzern von Lesebüchern eine Grundlage für die eigene Bewertung und Einschätzung von Lesebüchern zu vermitteln. An einigen Stellen findet eine kritische Aus-

einandersetzung mit bestimmten Problemfeldern, wie Arbeitsanregungen oder
Textsorten, statt und sind als solche markiert. Exemplarisch werden die einzelnen Kategorien, die schrittweise in den Kapiteln erarbeitet werden, an Lesebüchern veranschaulicht. Es handelt sich um eine anwendungsbezogene Lesebuchforschung, die nicht den Anspruch hat, das Lesebuch in seiner Machart und
Funktionalität systematisch zu analysieren. Insofern werden nicht alle Aspekte
von Lesebüchern und nicht alle derzeitig auf dem Markt befindlichen Lesebücher hier thematisiert und mit aufgenommen. Der Band versteht sich allerdings
durchaus als ein Beitrag zu einer Lesebuchforschung, da hier ein pragmatisch
orientiertes Analyseraster entwickelt wird.

Ein weiteres Ziel dieses Buches besteht darin, Lehrerinnen und Lehrern Arbeitsstrategien für den Umgang mit dem Lesebuch im Unterricht bereitzustellen. Es geht nicht darum, konkrete Unterrichtsmodelle für die Arbeit mit dem
Lesebuch vorzuführen, sondern Kriterien für den Umgang mit dem Lesebuch
unter einer funktionalen Perspektive zusammenzustellen.

Aufbau

Der Band ist dreigeteilt. Der erste Teil enthält eine Einführung in die Geschichte
und Typologie des Lesebuchs. Den Schwerpunkt bildet der zweite Teil des Buches, hier wird ein Analyseraster vorgestellt, dessen einzelne Kategorien dann
schrittweise erschlossen und veranschaulicht werden. Im dritten Teil, der sich unmittelbar aus den Analyse-Kapiteln ergibt, geht es um den Zusammenhang von
Lesebuch und Unterricht. In einer funktionalen Betrachtungsperspektive werden die Lehrfunktionen des Lesebuchs dargestellt. Lehrfunktionen bieten einen
Ansatzpunkt für Arbeitsstrategien im Unterricht. Auf dieser Grundlage werden
Möglichkeiten aufgezeigt, wie mit dem Lesebuch im Literaturunterricht gearbeitet werden kann und welche unterrichtsorganisatorischen Variationen es gibt.

1 Das Lesebuch, seine Entwicklung und Methoden seiner Untersuchung

Das Lesebuch ist mehr als eine Anthologie und ein Lektüreangebot. Es ist ein Unterrichtsmedium, das spezifische Lehrfunktionen übernimmt, wie die Strukturierung eines Lernbereichs, die Tradierung kulturellen Wissens und das Einüben in Fertigkeiten des Lesens und Interpretierens von Texten. In der Geschichte des Lesebuchs verändern sich die Aufgabenstellungen und werden Lehrfunktionen zunehmend ausdifferenziert und auf unterschiedliche Textbausteine eines Lesebuchs verteilt. Neben dem eigentlichen Textkorpus, das die Unterrichtsgegenstände repräsentiert (Märchen, Fabel, Gedichte), werden weitere Texte aufgenommen, die eine didaktisch-methodische Funktion haben und dazu dienen, die Auseinandersetzung mit Lerngegenständen anzuregen. Im Laufe der Entwicklung des Lesebuchs kommt es zu Schwerpunktverlagerungen in der Auswahl der Texte, der Strukturierung des Verhältnisses zu den Lerngegenständen, der Individualisierung und Ausdifferenzierung von Lehrmöglichkeiten. Derartige Akzentverschiebungen stehen im Zusammenhang mit der Aufgliederung von Schulfächern (Sprachunterricht, Literaturunterricht) und Lernbereichen.

Für das Verständnis, die Einordnung und Bewertung von Lesebüchern bedarf es eines theoretischen Bezugsrahmens, der nicht zuletzt Schulpraktikern eine Orientierung bietet, um die Einsatzmöglichkeiten eines Lesebuchs im Unterricht zu prüfen. Für den Aufbau eines theoretischen Rahmens empfiehlt es sich, einen Blick zurück auf die Genese des Lesebuchs und seine Funktionsveränderungen zu werfen. Für die Charakterisierung von Lesebüchern und die Beschreibung unterschiedlicher Typen werden folgende Kategorien zugrunde gelegt:

1. Lernziele, Aufgaben eines Lesebuchs
2. Selektion von Texten
3. Verfahrensweisen

1.1 Historische Entwicklung des Lesebuchs

Der Begriff *Lesebuch* entstand im 16. Jahrhundert und bezeichnete Unterrichtsbücher, die der Vermittlung von Lesen und Lesetechniken dienten. Erstmalig ist der Begriff „Leßbüchlein" in der Weimarischen Schulordnung von 1619 dokumentiert (Helmers 1970). Diese frühen Lesebücher enthielten ausschließlich religiöse Texte, wie Psalmen und Gebete. Das Lesebuch war zunächst eine didaktische Hilfe für die im 16. und 17. Jahrhundert neu entstandenen Schreib- und Leseschulen, in denen Deutsch die Unterrichtssprache war. Das *Abc- und Lesebüchlein* von Johannes Buno (1650) war ein Leselehrbuch für die sich entwickelnden „Teutschen Schulen" und bot eine Methodik der Leselehre.

Mit der Weiterentwicklung der Teutschen Schulen zu Volksschulen, die über den ersten Elementarunterricht hinausreichten, änderten sich die Aufgaben für das Lesebuch. U. a. wurden für den weiterführenden Leseunterricht Texte gebraucht. Da die Texte, die zu Beginn der Neuzeit allein nach religiösen Gesichtspunkten ausgewählt wurden, für die Schule zu schwierig waren und das Verstehen beeinträchtigten, erfolgte jetzt die Textauswahl nach didaktischen Kriterien und bildeten nicht mehr religiöse Texte die Grundlage für das Lesebuch, sondern weltliche Texte. 1826 entwickelte Friedrich A. W. Diesterweg das *Lese- und Sprachbuch für mittlere und gehobene Elementarschulen*. Neben der Aufgabe, das Lesen zu lehren, war dieses Lesebuch zugleich ein Übungsbuch für den Sprachunterricht. Da Diesterweg eine Anpassung der Volksschule an das gymnasiale Niveau anstrebte, enthielt sein Sprachbuch am Ende auch lyrische und epische Dichtungen, wie z. B. Kalendergeschichten von J. P. Hebel.

Im 17. und 18. Jahrhundert entwickelte sich ein neuer Typ von Lesebuch, der eine andere Zielsetzung hatte: die *Chrestomathie*. Ihr vorrangiges Ziel bestand in der schriftlichen (und mündlichen) Gestaltung von Sprache nach dem Vorbild poetischer Darstellungsformen. Die Beherrschung elementarer Lese- und Schreibtechniken, deren Einübung Ziel des Leselernbuches war, wurde vorausgesetzt. Da das Lateinische an den Gymnasien durch das Deutsche als Bildungssprache verdrängt wurde, verlor der bisherige Kanon mustergültiger antiker Autoren seine Bedeutung. Auch die Gattungen der Antike, die bis ins Mittelalter hinein verbindlich waren, wurden mit Beginn der Neuzeit durch neue Dichtungsarten verdrängt. Zunehmend bildeten weltliche Texte die Basis für die Lesebücher. Während C. F. R. Vetterlein (1796) in seiner *Chrestomathie deutscher Gedichte* zur Imitation verschiedener lyrischer Formen anleitet, damit die Schüler die Darstellungsgesetze und -formen beherrschen lernen, unternimmt Heinrich Bone (1840) den ersten Versuch, einen Kanon der epischen Dichtungsarten aufzustellen: Anekdoten, Fabeln, Märchen, Sage, Legende. H. Bone hat das ursprüngliche Lesebuch *Deutsches Lesebuch für höhere Lehranstalten* uminterpretiert zu einer Chrestomathie, deren primäre Aufgabe die Gestaltungslehre ist. Das Lesebuch untergliedert sich in einen Teil mit Anekdoten, Fabeln, Märchen, Sage und Legende und einen zweiten Teil, in dem auf stilistische Modi zurückgegriffen wird: Beschreibung, Erzählung und Schilderung.

Vor dem Hintergrund bildungspolitischer Veränderungen und der Aufnahme von Realienfächer in den Schulkanon entwickelte sich im 18. Jahrhundert das Lesebuch zum Typ des *Sachlesebuchs*, dessen Hauptaufgabe darin bestand, Kenntnisse über die Realien zu vermitteln. Da der schulische Unterricht noch nicht in Sachfächer untergliedert war, übernahm der Deutschunterricht die Aufgabe, Sachkenntnisse zur Geographie, Geschichte und Botanik zu vermitteln. Sehr verbreitet war das Sachbuch von Johann Georg Sulzer (1768) *Vorübungen zur Erweckung der Aufmerksamkeit und des Nachdenkens*, in dem sich auch die ersten Ansätze zu einer Morallehre fanden. Als Vorform des Sachbuchs ist Johann Amos Comenius *Orbis sensualium pictus* (1658) zu betrachten, das nach Lebensbereichen untergliedert war und neue Lerninhalte zum Gegenstand hatte, wie *Winde, Mineralien, Pflanzen* oder *Musik*. Neben den Text trat das Bild, um Welt in einem Schulbuch zu repräsentieren.

Johann Bernhard Basedow begründete mit seinem *Methodenbuch für Väter und Mütter der Familien und Völker* (1770) einen Lesebuchtyp, der mit seinen beispielhaften Geschichten (Parabeln, Fabeln) primär der *Morallehre* diente. Die Moral war bislang ein integraler Bestandteil der Religion. Das änderte sich jedoch im Laufe der Aufklärung, die die christlich-religiös fundierte Moral durch eine weltliche ersetzte. Da der Moral in der Schule kein eigener Lernbereich zugewiesen war, waren Unterrichtsbücher erforderlich. Für diesen Lernbereich und Zweck entstand der Typ des Morallehrbuchs. Ein frühes Beispiel für ein Lesebuch, das der Morallehre diente, war das *Abc-Buch* von Christian Felix Weise (1772), das kleine Übungen und Texte für Kinder enthielt mit genauen Anweisungen und Regeln für eine Lese- und Morallehre.

Im 19. Jahrhundert entwickelten sich für den Volksschulbereich Lesebücher, die jeweils sehr hohe Auflagen erreichten. Als erstes ist das Lesebuch von Friedrich Philip Wilmsen *Der deutsche Kinderfreund* (1801) zu nennen, ein Sachbuch, das in verschiedene Wissensbereiche eingeteilt ist und eine gedrängte Morallehre bietet. Die Texte waren so stark pädagogisiert, dass der Sachbezug überlagert wurde. Den Typ eines Volksschullesebuchs, das auch über Deutschland hinaus eine große Wirkung entfaltete, war *Der Kinderfreund* von Eberhard von Rochow (1776/1779). Es handelte sich zunächst um ein Handbuch für Lehrer mit methodischen Hinweisen und Texten, die im Unterricht eingesetzt werden sollten. 1773 schrieb er ein weiteres Schulbuch speziell für Kinder: *Bauernfreund*. Seine Beispielgeschichten lieferten Vorbilder für eine moralische Lebensführung.

Nach dem Morallesebuch bildete sich in der Romantik der Typ des *Gesinnungslesebuchs* heraus, in dem die Dichtung in den Mittelpunkt rückte und moralisierende Funktionen übernahm. Weltliche Beispielgeschichten wurden ersetzt durch Literatur; insbesondere die Fabel war die poetische Gattung, die diese Funktion erfüllte. Ein Repräsentant des Gesinnungslesebuchs war Philipp Wackernagels *Deutsches Lesebuch* (1843), das für die Realschulen konzipiert war.

Die weitere Entwicklung des Lesebuchs bis ins 20. Jahrhundert hinein ist durch eine Inanspruchnahme durch außerliterarische Motive und Ideologien gekennzeichnet, die die Textauswahl und -anordnung bestimmten. In den Jahren 1933–1945 wurde das Gesinnungslesebuch verstärkt ideologisiert und mit nationalsozialistischem Gedankengut angefüllt, wie z. B. in *Dich ruft Dein Volk. Deutsches Lesebuch für Haupt- und Mittelschulen* von H. Kickler, H. Luhmann

u. a. (1941). In den 50er Jahren wurde auf Lesebuchkonzeptionen und Texte der 20er Jahre zurückgegriffen, z. B. *Lebensgut. Ein deutsches Lesebuch für höhere Schulen* (Diesterweg 1925). Das Lesebuch enthielt ausschließlich Texte der „hohen" Literatur, die nach inhaltlichen Gesichtspunkten angeordnet waren und auf die Vermittlung von Werten durch vorbildhafte Heldenfiguren und Handlungen zielten. Die konservative Werthaltung und das Festhalten an überkommenen Weltbildern spiegelt sich in den nach Erlebniskreisen gegliederten Lesebüchern, wie „Helden und Überwinder", „Des Lebens Gaben", „Ruf der Gemeinschaft" oder „Land und Volk".

1.2 Diskussion nach 1945

In den 50er Jahren wurde durch die kritische Auseinandersetzung Robert Minders (1953) mit dem deutschen Lesebuch eine heftige Diskussion ausgelöst, die bis 1968 reichte. An ihr beteiligten sich nicht nur Germanisten, sondern auch Politiker, wie Peter Glotz und Hildegard Hamm-Brücher. Der Kernpunkt der Kritik zielte auf die Realitätsbilder in den Lesebüchern, in denen politische, sozialgeschichtliche und historische Zusammenhänge ausgeblendet waren und die den Blick auf soziale Wirklichkeiten verstellten. Der Vorwurf der Ideologisierung von Inhalten und der verzerrten, unzeitgemäßen Lesebuchwirklichkeit des Gesinnungslesebuchs führte zu einem Gegenentwurf von P. Glotz und W. Langenbucher: *Versäumte Lektionen* (1965), in den Texte der Wissenschaft, Politik und Publizistik aufgenommen wurden.

In den 60er Jahren kam es zu einer Neubewertung von Literatur. Die sprachliche und literarische Qualität wurde zum Auswahlprinzip von Werken/Texten; zwischen Dichtung und Sachprosa wurde strikt getrennt. Der veränderte Literaturbegriff und die damit verbundenen neuen Lernziele der Urteilsbildung und der geistigen Selbstständigkeit bestimmten die Konzeption eines neuen Lesebuchtyps: das *literarische Arbeitsbuch*, das nach Gattungen gegliedert war und innerhalb dieser Kategorien wiederum nach Dichtungsarten. Die erste Realisierung dieses Lesebuchtyps war das *Lesebuch 65* von Klaus Gerth. 1967 erschien das *Lesebuch für Hauptschulen* von Hermann Helmers. Erstmalig wurden bei diesem Arbeitsbuch verschiedene Unterrichtsmittel für den Literaturunterricht zusammengestellt und die einzelnen Bände nach Schuljahren getrennt. Das Ziel dieses Lesebuchs bestand darin, in einem systematisch aufgebauten Lehrgang dem Schüler die Strukturen der Literatur nahe zu bringen und durch rationale Vermittlung von Formen mündige, produktive Verstehensfähigkeiten zu schulen. Entsprechend dieser Zielsetzung wurden Texte ausgewählt, die ein realistisches Bild von der Welt zeichneten.

Parallel zur Entwicklung des literarischen Arbeitsbuches entstand ein Lesebuchtyp, der die Information über die gesellschaftliche Realität in den Mittelpunkt rückte und im Unterschied zum literarischen Arbeitsbuch thematisch-inhaltlich gegliedert war. Ein Beispiel für diesen Lesebuchtyp, der in der Literatur als *Informatorium* apostrophiert wird (Dahrendorf 1973), ist *Begegnungen* (Schroedel-Verlag 1966).

Für die Lesebuchentwicklung in den 70er Jahren waren die Text- und Kommunikationswissenschaft, die Literatursoziologie und die sozialwissenschaftlich orientierte Erziehungswissenschaft von nachhaltigem Einfluss. Das kombinierte Lese- und Sprachbuch *Lesen Darstellen Begreifen* (Hirschgraben-Verlag 1970) ordnete die Texte nach Lernzielen an und strukturierte Lernwege durch Fragen und Aufgabenstellungen vor. Neu an dieser Lesebuchgestaltung war ebenfalls die Integration der Lernbereiche des Sprach- und Literaturunterrichts (Literatur- und Sprachbetrachtung, mündlicher und schriftlicher Sprachgebrauch). Neben literarischen Texten wurden Zeitungsartikel, Fernsehkommentare, Horoskope, Comics, Schülerzeitungsberichte und Werbeprospekte aufgenommen. Als Lernziele für den Literaturunterricht wurden die Befähigung zur Teilnahme an Literatur durch literarische Sensibilisierung und die Entwicklung der Fähigkeit zum kritischen Lesen angegeben.

Veränderte und weitergehende Zielsetzungen gegenüber dem literarischen Arbeitsbuch fanden ihren Niederschlag in der Neukonzeption von *schwarz auf weiß* (Schroedel-Verlag 1967) und in dem Lesebuch *Texte für die Sekundarstufe* (Schroedel-Verlag 1973). Allgemeines Lernziel bestand in der Kommunikationsfähigkeit, die zu einem kritischen und sachgerechten Gebrauch aller Texte und Formen der Literatur befähigen sollte. Die Lesebücher sind lehrgangsmäßig zu den wesentlichen Textsorten aufgebaut. Um 1970 hat sich eine politisch orientierte Richtung der Literaturdidaktik (Bremer Kollektiv; u. a. Ide 1971) von einem formal-ästhetischen Ansatz in der Literaturdidaktik abgegrenzt und eine neue Lesebuchkonzeption entworfen. Die beiden Lesebücher *Kritisches Lesen* (Diesterweg-Verlag 1973) und *drucksachen* (Pro-Schule-Verlag 1974) orientierten sich in ihrer Textzusammenstellung an gesellschaftlichen Problemfeldern. Ihr Bildungsziel bestand in der Entwicklung von Qualifikationen zur Bewältigung sprachlicher Kommunikationssituationen sowie der Teilnahme am politischen und kulturellen Leben. In dieser Perspektive wird Literatur als ein Sozialfaktor verstanden. Dieser Lesebuchtyp wird in der Fachliteratur als *sozialkritisch* oder *problemorientiert* bezeichnet.

Das von Dahrendorf mitverfasste Lesebuch *drucksachen* löste eine heftige Debatte in der Öffentlichkeit aus (Klose 1975; Langenbucher 1977). Kritisiert wurde die einseitige Orientierung der Textorganisation an sozial relevanten Problemfeldern, das Übergewicht an pragmatischen Texten gegenüber literarischen und ein Verlust ästhetischer Erlebnisfähigkeit.

Zusammenfassend lässt sich sagen, dass zwei Ansätze in den 70er und 80er Jahren bestimmend sind für die Literaturdidaktik und für die Lesebuchkonzeption. Der eine fokussiert stärker den formalen, fachwissenschaftlichen Aspekt und die eher werkbezogene Textinterpretation; der andere Ansatz ist inhaltlich-thematisch orientiert und zeichnet sich durch eine betonte Ausrichtung am Leser/Lerner und seinen Interessen aus. Eine weitere Tendenz, die bis in die Gegenwart hinein von Bedeutung ist, besteht in einer zunehmenden Operationalisierung von Unterrichtszielen in den Lesebüchern, die sich in der Integration von Arbeitsaufgaben niederschlägt.

Wie sich die Methodenorientierung zur Gegenwart hin weiterentwickelt, wie weit ein Lesebuch sich als ein literarisches Textangebot versteht oder auch als ein Arbeitsbuch, wie sich eine eher text- oder leserorientierte Ausprägung der Literaturdidaktik in gegenwärtigen Lesebuchkonzeptionen niederschlägt und wie Literatur und Wirklichkeit integriert werden, wird in den folgenden Kapiteln entsprechend der Zielperspektive dieser Arbeit thematisiert werden.

Die Lesebuchdiskussion und -forschung, die durch bildungspolitische Reformbestrebungen, die Curriculumdiskussion und Erziehungs-/Kommunikationswissenschaften verstärkt in den 60er und 70er Jahren geführt wurde (Helmers 1969, Geiger 1977, Krogoll 1978), war inhaltsanalytisch ausgerichtet. Das Lesebuch wurde vorrangig als ein Sozialisationsfaktor betrachtet, weniger als ein Medium mit spezifischen Funktionen der Lenkung und Unterstützung von Unterrichtsprozessen. Die Weltbilder, Werte, Normen, Sozialstrukturen, Rolle der Frau und das Bild des Kindes waren Gegenstand einer kritischen Betrachtung (Ritz-Fröhlich 1969, Reger 1971). Das Bemühen um eine systematische Lesebuchforschung, die sich um Analysekategorien und eine Theoriebildung bemüht, findet sich ansatzweise im Kontext der Schulbuchforschung (Hacker 1980, Marenbach 1980, Olechowski 1995). Das Lesebuch ist ein eigener Schulbuchtyp, dessen fachspezifische Besonderheiten zu beachten sind. Empirische Untersuchungen zur Verwendung des Lesebuchs bei Lehrcrn haben Killus (1997) und Rubinich (1996) durchgeführt. Nach der Wende ist in den 90er Jahren eine erneute Diskussion und Lesebuchproduktion ausgelöst worden durch die Notwendigkeit, für die neuen Bundesländer neue Lesebücher zu konzipieren und neue Themen aufzunehmen (Bütow 1996, Schlewitt 1993, 1996). *Treffpunkte* ist das erste Lesebuch, an dessen Ausgaben für Brandenburg, Mecklenburg-Vorpommern und Sachsen-Anhalt auch ostdeutsche Autoren mitwirkten.

Das Ziel dieser Arbeit ist pragmatisch orientiert und geht dahin, zunächst ein Analyseraster für Lesebücher zu erstellen, deren einzelne Kategorien im weiteren Verlauf der Arbeit kapitelweise erarbeitet und veranschaulicht werden sollen. Lehrenden und Lehramtsstudierenden soll eine Einführung in die Thematik geboten werden, damit sie mit Hilfe der Kategorien Unterrichtsmedien qualifiziert auswählen können. Nicht zuletzt vermitteln Lesebücher eine wissenschaftliche Systematik für Lehrende und Schüler.

2 Analyse des Lesebuchs

2.1 Analysekategorien

Lesebücher erfüllen unterschiedliche Funktionen, die aufeinander abgestimmt sind. Zum einen haben sie eine kulturelle Funktion, indem sie durch ihr Textangebot einen Bestand an kulturellem Wissen sichern, das tradiert werden soll und durch das sich Angehörige einer Kultur in ihrer Wert- und Normenorientierung und in ihrem Selbstverständnis vergewissern. Das Lesebuch übt eine pädagogische und gesellschaftliche Funktion aus, indem es Lern- und Sozialisationsprozesse initiiert, durch die Schüler eine Mitgliedschaft innerhalb einer Kulturgemeinschaft erwerben. Das Themen- und Textangebot erfüllt überdies eine sozialisatorische Funktion, indem es relevante Probleme der jeweiligen Adressaten thematisiert, Lösungsangebote macht und damit zur Identität und zum Aufbau eines Selbstbildes von Schülern beiträgt. Es erfüllt in didaktischer Perspektive mehrere Funktionen, die die Organisation und Abfolge von Lerninhalten betreffen. Durch die Strukturierung von Lerninhalten und Lernbereichen wird ein systematischer Überblick über ein bestimmtes Wissensgebiet in Übereinstimmung mit Lehrplänen gegeben. Die verschiedenen Funktionen sind bei Lesebüchern aufgeteilt auf Teilmedien: das Lesebuch selbst, Schülerarbeitshefte, Lehrerbände und in neueren Lesewerken die Lernsoftware. Da es sich oftmals um einen Medienverbund von eigentlichem Lesebuch, Schülerarbeitsheft und Lehrerband handelt, wäre der Ausdruck „Leseunterrichtswerk" der angemessenere gegenüber dem Terminus „Lesebuch". In einem Leseunterrichtswerk sind verschiedene Variablen des Lehr- und Lernprozesses enthalten. Typisches Merkmal eines Leseunterrichtswerkes ist die systematische Planung von Lerninhalten und ihre methodische Aufbereitung, die sich wiederum am Lernen innerhalb der Institution Schule orientiert. Ein weiteres Merkmal besteht darin, dass es in einer Lehr- und Lernsituation eingesetzt wird und dem gemeinsamen Lernen dient. Für eine erste Orientierung in Bezug auf Lesebücher lege ich die folgenden Analysekategorien zugrunde: Medienverbund, Arbeitshefte, Aufbau und Gliederungsprinzipien eines Lesebuchs, Struktur eines Kapitels.

Jede dieser Hauptkategorien untergliedert sich wiederum in Subkategorien, die in den einzelnen Kapiteln dargestellt und an Beispielen verdeutlicht werden. In den weiteren Ausführungen dieses Kapitels werde ich zunächst die Hauptkategorien vorstellen.

2.1.1 Medienverbund

Für eine erste Orientierung über die Gesamtanlage eines Lesebuchs empfehlen sich folgende Prüffragen:

Prüffragen zum Lesebuch
1. Wie viele Bände umfasst das Lesebuch?
2. Für welchen Schultyp / welche Bildungsstufe ist das Lesebuch konzipiert?
3. Existieren Lehrerbände und Schülerarbeitshefte?
4. Gibt es Zusatzlektüren?
5. Liegt eine Software vor?
6. In welchem Bundesland ist das Lesebuch zugelassen?

Ein ganzes Medienpaket in Verbindung mit einer Lesebuchreihe bietet erstmalig das *Lesebuch für die Hauptschule* (1967) von Helmut Helmers. Im Laufe der Geschichte des Lesebuchs variiert seine Gesamtausstattung. Auch bei aktuellen Lesebüchern existiert ein Nebeneinander von Lesebüchern, die mit Lehrerhandbüchern und Schülerarbeitsheften arbeiten, und anderen, die lediglich aus dem Lesebuchband selbst bestehen.

Lesebücher sind entweder für alle Schulformen konzipiert, für einzelne Schultypen, Grundschule (GR), Hauptschule (H), Realschule (R), Gesamtschulen (GS), Gymnasium (G) und Jahrgangsstufen, oder bieten für die verschiedenen Schultypen jeweils eigene Reihen an (A für das Gymnasium, B für die Realschule, C für die Hauptschule) z. B.:

Bücherwurm. Mein Lesebuch	(1997):	GR
Jo-Jo Lesebuch	(1996):	GR
Das Hirschgraben-Lesebuch	(1990):	Fö, H + R
Das lesende Klassenzimmer	(1997):	H + R
LEO	(2001):	H + GS
Lesen Darstellen Begreifen	(1996):	Ausgabe A
		Ausgabe B
		Ausgabe C
Lesebuch	(1991):	Sek. I
Seitenwechsel	(1997):	G
Deutschbuch	(1999):	Grundausgabe für die R
Deutschbuch	(1997):	allgemeine Ausgabe für gute R + G

Die meisten Lesebücher für den Sekundarbereich bieten Bände für die Jahrgangsstufen 5–9/10 an. Eine Ausnahme bildet das Oberstufenlesebuch *Facetten*, das nur aus einem Band besteht. Da die Zulassung von Lesebüchern über die Kultusbehörden läuft, die die Übereinstimmung mit Lehrplanvorgaben prüfen, sind Lesebücher nicht in allen Bundesländern zugelassen. *Deutschbuch* (1997) und *Magazin* (1999) sind in allen Bundesländern zugelassen außer in Bayern und Baden-Württemberg. *Seitenwechsel* gibt neben der allgemeinen Ausgabe eine Südausgabe heraus.

a. Lehrerhandbücher

Nicht allen Lesebüchern ist ein Lehrerhandbuch zugeordnet, z. B. *Wort und Sinn* oder *Das lesende Klassenzimmer*. Die bestehenden Lehrerhandreichungen unterscheiden sich in Aufbau, Umfang und Intention voneinander. Allgemein erfüllen sie die Funktion, in die Konzeption und Struktur eines Lesewerks einzuführen und geben zusätzliche Erläuterungen zu einzelnen Texten und Aufgaben/Arbeitsschritten. Lehrerhandbücher, z. B. zu *Deutschbuch*, enthalten Zusatzmaterial, das für den Unterricht kopiert werden kann, Lernerfolgskontrollen, Vorschläge für Hausaufgaben und Anregungen für die Arbeit mit dem Lesebuch. In einigen Fällen sind die Lehrerhandbücher als Ringordner gestaltet (*Tandem*, *wortstark*). Diese Ordner bieten Unterrichtsvorschläge, Folien, zusätzliche Aufgaben/Übungen, die direkt im Unterricht einsetzbar sind. Ordner bieten dem Lehrer die Möglichkeit, eigene Materialien ergänzend abzuheften. (Weitere Ausführungen zu Lehrerbänden in Kapitel 2.9).

b. Schülerarbeitshefte

Schülerarbeitshefte enthalten überwiegend Arbeits- und Textmaterialien zum Selbstlernen, oft mit Lösungen im Anhang, so dass Schüler sich selbst kontrollieren können (z. B. in *Deutschbuch*). Einzigartig bietet *Magazin*, das für den leseschwächeren Bereich von Haupt- und Realschule gedacht ist, ein Arbeitsheft an, das speziell der Leseförderung dient. Eine Übungssoftware ist für *Deutschbuch* entwickelt worden, das zur Zeit jedoch nur in der Home-Version existiert, noch nicht in der Schulversion.

2.1.2 Arbeitshilfen

Lesebücher bieten eine Reihe von Arbeitshilfen an. Dazu gehören: Arbeitsblätter, Hinweise auf Autoren und Texte, Wort-/Begriffserklärungen, Zeilenzählung und Merkhilfen zu Lernstrategien und Arbeitstechniken. Arbeitsblätter und teilweise auch Merkhilfen sind aus dem Lesebuchband ausgelagert und finden sich in Lehrerbänden und Schülerarbeitsheften. Andere Arbeitshilfen stehen im Anhang von Lesebüchern.

Während sich in älteren Lesebüchern, wie *Die Silberfracht* (1952), *Lesebuch 65* (1965) *drucksachen* (1974) außer dem Textkorpus nur ein Inhaltsverzeichnis, Bildnachweis und Angaben zu den Verfassern befinden, werden die Anhangsteile in den Lesebüchern der 80er und 90er Jahre umfangreicher. So enthält das Lesebuch *Unterwegs* zusätzlich noch Wort-/Sacherklärungen, ein Textartenverzeichnis und Merkseiten zu den Unterrichtseinheiten. In *Tandem* werden neue Teile in den Anhang aufgenommen: Übersichten zu Kapiteln und Informationen/Arbeitstechniken. Das Oberstufenlesebuch *Facetten* bietet im Anhangteil ein Glossar zur Arbeit mit literarischen Texten, eine Liste mit rhetorischen Figuren, eine Übersicht über Epochen, eine literarische Landkarte, Tipps zum Nachschlagen und Recherchieren sowie Vorschläge für Facharbeiten und Projekte an. Der Anhang gewinnt in *Facetten* den Status eines dritten Teils und wird als „Nachschlagteil" bezeichnet. Zu den Standardteilen im Anhang von Lesebüchern gehören: Autorenverzeichnis, Quellen-/Bildnachweis. Variationen zwischen den Lesebüchern zeigen sich im Vorhandensein von Textsortenverzeichnissen, Glossar, autobiografischen Informationen und Wort-/Sacherklärungen. In *Deutsch* wurde bewusst auf ein Textsortenverzeichnis verzichtet. *Leseland* und *Lesen Darstellen Begreifen* bieten in ihren Bänden biographische Informationen an, die sie jedoch unterschiedlich platzieren. In *Lesen Darstellen Begreifen* stehen biografische Hinweise vor den Texten, in *Leseland* im Anhang. *Magazin* gibt keine Informationen zu den Autoren. In *Wort und Sinn* befinden sich biographische Informationen (mit Bild) am Seitenrand, in *Tandem* in der unteren Seitenhälfte.

Darüber hinaus gibt es Anhangteile, die spezifisch sind für ein individuelles Lesewerk, wie z. B. „Orientierungswissen" in *Deutschbuch*, oder Teile, die nur in wenigen Lesewerken vorkommen, wie „Überblick über Aufgaben" in *ansichten* und *Unterwegs* oder „Informationen/Arbeitstechniken" in *Facetten* und *Tandem*.

2.1.3 Aufbau

In der jüngeren Geschichte des Lesebuchs hat es immer wieder Debatten um Gliederungsprinzipien von Lesebüchern gegeben und haben sich Lesebuchtypen, die Texte entweder nach thematisch-inhaltlichen oder nach formalen Gesichtspunkten auswählen und zusammenstellen, abgewechselt. Nach einer intensiven kritischen Auseinandersetzung mit gattungstypologischen Konzepten in den 70er Jahren haben Lesebücher formale und inhaltliche Sequenztypen gemischt. Zunehmend wurden seit den 80er Jahren neue Sequenztypen in Lesebücher aufgenommen und bildeten methodische Aspekte die Grundlage für die Bildung von Sequenzen. Typisch für das gegenwärtige Lesebuch ist eine Integration von thematisch-inhaltlichen, formalen und methodischen Gliederungsansätzen. Unterscheiden lassen sich zunächst acht Gliederungsprinzipien:

1. Themen/Stoffe
2. Gattungen/Textsorten
3. Themen + Gattungen
4. Wirkungsfunktionen
5. Mediendidaktische Aspekte
6. Fertigkeiten/Methoden in Kombination mit Themen
7. Lernziele
8. Lernbereiche

Inhaltsverzeichnis

In: Kohrs, Peter/Schommers, Marlene: Das Hirschgraben-Lesebuch. LB für das 9. Schulj. Berlin: Cornelsen 1998.

2.1.3.1 Thematischer Aufbau

Die Gesinnungslesebücher der 50er Jahre, wie *Silberfracht*, waren stofflich-thematisch aufgebaut. Diese Untergliederung spiegelt sich in Kapitel- und Abschnittsüberschriften wie z. B.: Natur, Bindung an Heimat, Volkstümlichkeit, Lebensgestaltung. Viele Lesebücher der 80er und 90er Jahre sind ebenfalls in Themenbereiche aufgeteilt. Eine Zuordnung der ausgewählten Texte zu literarischen Gattungen bzw. Textsorten findet sich im Anhang, wie z. B. in *Wege zum Lesen* oder *ansichten*.

Wie der Auszug aus dem Inhaltsverzeichnis des *Hirschgraben-Lesebuchs* (1998) zeigt (siehe S. 13), folgt es einem thematisch-stofflichen Aufbau und ordnet Texte unterschiedlicher Gattungszugehörigkeit unter ein Thema. Das Thema „Beruf lernen" wird durch erzählende und lyrische Texte in Kombination mit Medientexten (Zeitungsartikel) und Sachtexten (Bericht) aufgegliedert.

Zu den typischen Themen in Lesebüchern gehören: Erwachsenwerden, Liebe, Freundschaft, Tiere, Beruf, Schule, Verhältnis zu Erwachsenen. Einige Lesebücher sind spiralförmig konzipiert, indem sie bestimmte Themen in den Folgebänden unter einem anderen Aspekt wieder aufnehmen (*Leseland*). Zu den stofflich-inhaltlichen Themen kommen in vielen Lesebüchern Autorenporträts hinzu, wie z. B. ein Porträt über G. Pausewang in Band 8 von *ansichten* (1995) oder H. Heine in *Magazin* 8 (2000).

Bei einer inhaltlichen Sequenzierung von Lesebüchern besteht das Problem, dass Texte aus unterschiedlichen Zeiten und Kulturen benachbart in einem Lesebuch vorkommen und dadurch ein Zusammenhang unterstellt wird, der nicht existiert. Des weiteren wird ein Text durch seine Zuordnung zu einem Inhalts-/Stoffbereich interpretatorisch festgelegt und möglicherweise auf nur einen Deutungsaspekt eingeengt.

2.1.3.2 Aufbau nach Gattungen/Textsorten

Das gegenwärtige Lesebuch *Das lesende Klassenzimmer* (1997) ist gattungstypologisch konzipiert. Die Auswahl von Texten einer bestimmten Gattung erfolgt wiederum lernzielorientiert, wie aus dem Auszug aus dem Inhaltsverzeichnis hervorgeht. In der Sequenz „Geschichten – spannend und interessant erzählt" sind die Texte nach verschiedenen Lernzielen geordnet: Einblick gewinnen in Erzählanfänge und das Zusammenspiel von Text und Leser, sich vertraut machen mit Erzählerrollen und Aufnahme von Leseanregungen.

Inhalt

Vorlesen will gelernt sein!

In: Greil, Josef (Hrsg.): Das lesende Klassenzimmer. Lesebuch 7. Schuljahr München: R. Oldenbourg 1997.

2.1.3.3 Themen- und textorientierter Ansatz

Lesebücher, die in den 80er Jahren entstanden, sind nach Themen und Gattungen/Textsorten gegliedert wie *Lesart* oder *Wege zum Lesen*. Unter einem bestimmten Dachthema werden Texte verschiedener Gattungs- und Textsortenzugehörigkeit kombiniert. In Band 10 von *Wege zum Lesen* (1991) sind unter dem Thema des 1. Kapitels 7 Texte subsumiert: ein Romanauszug, eine Rezension, eine Novelle, ein Bibeltext (parabolischer Text), zwei Kurzgeschichten, eine Erzählung.

Wege zum Lesen (Bd. 10, 1991)

Alte und Junge		
Leonie Ossowski:	Die große Flatter	Auszug aus der KJL
Herbert Glossner:	Wer einmal in der Siedlung wohnt	Rezension
Theodor Storm:	Hans und Heinz Kirch	Auszug aus einer Novelle
Die Bibel:	Der verlorene Sohn	Parabolischer Text
Walter Helmut Fritz:	Augenblicke	Kurzgeschichte
Angelika Mechtel:	Aus dem Tagebuch an meine Töchter	Erzählung
Bertolt Brecht:	Die unwürdige Greisin	Kurzgeschichte

Die themenbezogene und gattungstypologische Konzeption spiegelt sich in den Kapitelüberschriften des Inhaltsverzeichnisses von *Lesezeichen* 10:

> Auf der Suche – Erzählungen
>
> Einblicke, Ausblicke – Kurzprosa
>
> Manche Wörter lockern die Erde – Lyrik aus acht Jahrhunderten
>
> Orientierungsversuche – Parabeln
>
> /.../

Links ist das Thema benannt und rechts die Gattung. *Leseland* baut seine Sequenzen sowohl nach thematisch-inhaltlichen Aspekten, als auch nach Gattungen/Textsorten auf.

2.1.3.4 Wirkungen/Funktionen von Texten

Ein wirkungsästhetisches Gliederungsprinzip liegt speziell dem von H. Müller-Michaels herausgegebenen Lesebuch für das Gymnasium *Lektüre* zugrunde. Das Literarisch-Fiktive erfüllt vielfältige Funktionen, wie Spannung erzeugen, Furcht erwecken, Mitleid erregen, Gesellschaftskritik, Aufklärung, eine Lehre erteilen, in fremde Welten einführen, Illusionen erzeugen. *Lektüre* ist so gestaltet, dass diese verschiedenen Funktionen durch die Textauswahl und -zusammenstellung erfasst und zugänglich werden. Statt des inhaltlichen oder formalen Aspekts wird der Wirkungsaspekt von Literatur zum Gliederungsprinzip. In allen sechs Bänden strukturieren mögliche Textfunktionen die einzelnen Kapitel und sollen in diesen anschaulich hervortreten.

2.1.3.5 Mediendidaktische Aspekte

Die Entwicklung neuer Informations- und Kommunikationstechnologien hat auch das Lesebuch beeinflusst. Zunehmend nimmt die Behandlung von audiovisuellen Medien (Hörfunk, Fernsehen, Film) und neueren Medien (Computer, Internet) einen eigenen Raum innerhalb von Lesebüchern in Anspruch. Neuere Lesebücher enthalten in der Regel eigene Medienkapitel, deren Inhalte (Werbung, Zeitung etc.) von Band zu Band wechseln: *Lesezeichen*, *Lektüre* (ab 7. Jahr), *Seitenwechsel*, *Wege zum Lesen*.

2.1.3.6 Aufbau nach Themen und Fertigkeiten/Methoden

In den 80er und 90er Jahren kommen verstärkt fertigkeitsbezogene und methodische Aspekte ins Spiel. Lesebücher nehmen Kapitel auf, die der Vermittlung von Lese-/Arbeitstechniken und der Schulung von Verstehensfähigkeiten in Bezug auf verschiedene literarische Gattungen dienen (z. B. *Unterwegs*) und häufig unter der Rubrik „Werkstatt" ausgezeichnet sind, wie „Texte-Werkstatt" im *Hirschgraben-Lesebuch* oder „Werkstätten" in *Seitenwechsel*. Lesebücher verstehen sich gemäß dieser Konzeption nicht nur als ein Textangebot, sondern möchten den Umgang mit Texten durch vielfältige Methoden beleben und Zugangsweisen zu Texten öffnen. Neben die Sequenzbildung nach Themen treten **Werkstätten** und **Magazine** und bilden einen festen Bestandteil eines Lesewerks.

In *Unterwegs* wird die Gliederung nach thematischen und methodischen Gesichtspunkten in der Zweiteilung des Lesebuchs in Teil 1 „Themen und Texte" und Teil 2 „Unterrichtseinheiten und Projekte" deutlich:

Teil 1: Themen und Texte	Teil 2: Unterrichtseinheiten und Projekte
„Dass du mich liebst …"	Lese- und Arbeitstechniken
	Bilder und Texte vom Fliegen
Widerstehen	Kurzgeschichten verstehen
	Geschichten besonderer Art
Frauenleben, Arbeitsleben	Gedichte verstehen
	„Lasst Bilder sprechen …"
Automobile Gesellschaft	Szenische Texte verstehen
	Dramatische Szenen
Begegnungen mit anderen Welten	Bücherwelt
	Eine Autorin stellt sich vor: Renate Welsh
Hexen	Zeitung lesen
	Schwarz auf weiß: Die Tageszeitung
Der fremde Planet	Projekt
	„Wer hat dich, du schöner Wald …"

Unterwegs 8, 1992.

Der zweite Teil akzentuiert Lesefertigkeiten, verschiedene Gattungen (Kurzge-schichten, Lyrik, Dramen), ein Autorenportrait und als Medium die Tageszei-tung. Diese Bereiche sind methodisch-didaktisch aufbereitet.

Das Lesebuch *Treffpunkte* hebt neben der Themenorientierung seinen Metho-denschwerpunkt durch Integration handlungs-/operationsorientierter Verfahren hervor und arbeitet entsprechend mit der Dreiteilung von Magazin, Werkstatt und thematischen Sequenzen, die altersgemäß und schulformbezogen (Haupt-schule) gestaltet werden. Typisch für Werkstätten ist der hohe Anteil handlungs-bezogener und produktiver Arbeitsanregungen im Zusammenspiel mit Texten. Oft sind die Werkstätten nach Gattungen differenziert: Lyrik-Werkstatt oder Ge-schichtenwerkstatt, wie in *Treffpunkte* und *Hirschgraben-Lesebuch*.

Die Betonung von Lesefertigkeiten dokumentiert sich in der Aufnahme von „Leseecken" und eigenen Kapiteln zur Förderung von Lesekompetenzen in Lesebüchern, wie „Lesetraining" in *Treffpunkte*. Das Lese- und Arbeitsbuch *Fa-cetten* vertritt einen fertigkeitsbezogenen Ansatz, da es jedoch auf die Sek. II ausgerichtet ist, meint Fertigkeiten nicht elementare Lese-/Schreibfertigkeiten, sondern Qualifikationen für Beruf und Studium, einschließlich der Vermittlung von Methodenkenntnissen.

2.1.3.7 Aufbau nach Lernzielen

In einigen Lesebüchern erfolgt die Auswahl der Texte nicht allein nach themati-schen Gesichtspunkten, sondern danach, ob die durch Lernziele geforderten Qualifikationen durch Texte erreicht werden können. Angestrebte Lernziele sind z. B. Lesekompetenzen, Leseinteresse und -freude. *Das lesende Klassen-zimmer* ist lernziel- und gattungsorientiert aufgebaut. Auch *Magazin* berück-sichtigt Lernziele, die für einzelne Kapitel bereits im Inhaltsverzeichnis angege-ben werden, wie in Band 8 (2000):

Es war einmal in Amerika …
> Motive, Hoffnungen und Probleme von Auswanderern kennen lernen, Übersetzungen vergleichen.

Als der sechzehnjährige … Franz Kafka Auswanderer zu sein …
nach Georges Perec, Robert Bober

/…/

2.1.3.8 Lernbereichsorientierter Ansatz

Leselehrwerke, die einem integrierten Ansatz der Deutschdidaktik folgen und somit Sprach- und Lesebuch in einem sind, untergliedern das Lehrwerk nach Lernbereichen. So ist *Deutschbuch* nach drei Lernbereichen strukturiert: Spre-chen und Schreiben, Reflexion über Sprache, Umgang mit Texten. *Leseland* versteht sich als ein Lese- und Arbeitsbuch, das explizit auf den Lernbereich „Umgang mit Texten" ausgerichtet ist. Die anderen beiden Lernbereiche werden eingebunden durch die Hinführung zur produktiven und schöpferischen Textrezeption.

Bei einer Reihe von Lesebüchern werden Texte nicht nur nach verschiedenen Gliederungskriterien zu Sequenzen zusammengestellt, sondern einzelne Kapitel des Lesebuchs sind nach unterschiedlichen Gliederungskriterien organisiert. *Facetten* hat im ersten Teil die Texte nach methodisch-didaktischen Überlegungen zusammengestellt und mit entsprechenden Arbeitsvorschlägen versehen, im zweiten Teil des Lesebuchs finden sich Textsequenzen, die nach literarischen und literaturgeschichtlichen Kriterien (Epochenzugehörigkeit) ausgewählt wurden. Auf methodische Überlegungen wird in diesem Teil weitgehend verzichtet.

Die Gliederungsprinzipien von Lesebüchern reflektieren die zugrunde liegende literaturdidaktische Position und müssen vor deren Hintergrund betrachtet werden.

2.1.4 Struktur einzelner Kapitel eines Lesebuchs

Die Binnengliederung einzelner Kapitel kann einheitlich und wiederkehrend sein, wie im *Hirschgraben-Lesebuch*. Sie richtet sich stets nach der leitenden Kapitelüberschrift und ordnet Texte entweder thematisch, chronologisch, textsortenorientiert, medienbezogen oder kontextualisierend. Bildet eine literarische Gattung den Gegenstand eines Kapitels, so sind entsprechende Texte dieses Genres zusammengestellt, wie im Kapitel „Kurzgeschichten verstehen" in *Unterwegs* (8. Schuljahr, 1992). Kurzgeschichten von I. Aichinger, H. Hemingway und W. Borchert kommen vor und werden jeweils unter einem spezifischen Gattungsaspekt, wie Anfang, Erzählgegenstand und Erzählweise, behandelt.

Wenn es sich nicht um ein reines Text- und Lektüreangebot handelt, dann liegt den Kapiteln von Lesebüchern eine didaktische Struktur zugrunde. Sie wird erkennbar an folgenden Merkmalen: Kapiteleinstieg, Integration von Arbeitsanregungen, wechselnder Textumfang, steigende Komplexität, Worterklärungen, Ecken- und Zusatzinformationen. Viele Lesebücher eröffnen ein Kapitel durch bildliches Material oder eine Bild-Text-Kombination (*Deutsch, Unterwegs, Wege zum Lesen*).

Variationen im Aufbau von Kapiteln ergeben sich durch die Art und Weise, wie Aufgaben/Übungen integriert sind: Entweder in den laufenden Text oder am Ende eines Kapitels.

In *Lesart* finden sich Aufgaben/Übungen zu einzelnen Texten am Ende eines jeden Kapitels. In vielen Lesebüchern sind sie den Texten zugeordnet und stehen entweder unterhalb eines Textes oder seitlich am Rand. Fertigkeits- und lernzielorientierte Teile können als selbstständige Teile in die einzelnen Kapitel integriert sein. Bisweilen befinden sich Zusatzinformationen zu Autoren/Texten im Anhang eines Kapitels (*Wege zum Lesen*).

Die Kapitel in *Seitenwechsel* enthalten jeweils drei Bausteine: Texte (ausgewählt nach thematischen Kriterien); Werkstätten (unter methodisch-didaktischem Aspekt konzipiert) und Medien (Auswahlkriterium sind Medien und Lernziele: Ausbildung kommunikationstechnologischer Grundfertigkeiten). Pro Band wird jeweils ein Medium innerhalb des Medien-Magazins behandelt. In integrierten Sprach-/Lesebüchern ist der Aufbau eines Kapitels vielschichtig. Z.B. in *Deutschbuch*, dessen strukturierendes Prinzip Lernbereiche sind, wird jedes Kapitel in sich nach den drei Lernbereichen gegliedert: Sprechen und Schreiben, Nachdenken über Sprache/Rechtschreibung, Umgang mit Texten.

Die Bibliographie am Ende des Buches gibt Aufschluss über Begleithefte und die intendierte Schulform/Jahrgangsstufe eines Lesebuches. Auf dem Arbeitsblatt 1 sind die zentralen Kategorien eines Lesebuchs zusammengestellt, die eine Orientierung und Einordnung eines Lesebuchs ermöglichen und einen Leitfaden für die Arbeit mit dem Lesebuch bilden (s. A 1, S. 132).

2.2 Konzeption

Viele der zu behandelnden Aspekte von Lesebüchern, wie Gattungen, Texte, Themen, Methodik, Medien, sind in ihrer Gestaltung und Interdependenz nur verständlich vor dem Hintergrund der Konzeption eines Lesebuchs. Die Konzeption von Lesebüchern wird in den Lehrerhandbüchern expliziert oder wie bei *Lektüre* zu Beginn der einzelnen Jahrgangsbände. Gibt es keine Lehrerbände, so liefern die Verlage knappe Konzeptionsbeschreibungen, die wie bei *Facetten* per Internet abgerufen werden können. Konzeptionen von Lesebüchern richten sich nach der anvisierten Schulform. Ziele und Inhalte orientieren sich an den curricularen Bestimmungen einzelner Länder.

Bevor auf die Detailanalyse von Lesebuchkonzeptionen eingegangen wird, soll zunächst der gesamtgesellschaftliche Rahmen, die Makrostruktur, skizziert werden, der die Entwicklung und Intentionen von Lesebüchern bestimmt. Die Ebene der Ministerien und Lehrpläne/curricularen Vorgaben ist von der Ebene der Herausgeber/Autoren von Lesebüchern zu trennen. Lesebücher unterliegen einem durch Erlasse geregelten Genehmigungsverfahren. Damit Lesebücher in den einzelnen Bundesländern zugelassen werden, müssen die Ziele und Intentionen von Lesebüchern an den von ministerieller Seite vorgegebenen Lernzielen und – inhalten abgeglichen werden. Für einzelne Lesebücher werden oft eigene Ausgaben für bestimmte Länder erstellt. So gibt es von *Deutschstunden* und *lesenswert* eine allgemeine Ausgabe für alle Länder und eine spezielle für Baden-Württemberg.

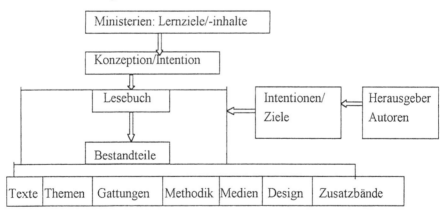

Viele Lesebücher beziehen sich ausdrücklich auf Lernbereiche des Deutschunterrichts, wie sie in Rahmenrichtlinien der Länder formuliert sind (s. Lehrerhandbuch zu *Deutschbuch* und *Leseland*). Literarischen Texten liegen bestimmte Intentionen zugrunde, die rekonstruiert werden können anhand von Textstrategien, Gliederungssignalen, Gattungsmerkmalen, ausgewählten Wirklichkeitselementen u. a. m. Sie wollen z. B. die Perspektive auf die Wirklichkeit ver-

ändern, eine Ideologie verkünden, Einblick geben in fremde Lebenszusammen-
hänge und auf den Leser emotional, identifikatorisch wirken. Durch die Aufnahme eines literarischen Textes und seiner Anordnung in einem Lesebuch werden
Textintentionen überlagert von didaktischen Intentionen. Die Texte werden im
Hinblick auf angestrebte Ziele der Autoren/Herausgeber, wie Schulung von Erschließungskompetenzen, Kritikfähigkeit, Fremdverstehen oder Identitätsauf-
bau zweckfunktionalisiert. Wie weit Texte durch den thematischen Kontext, in
den sie durch das Lesebuch gestellt werden, und durch ihre Nachbarschaft zu anderen Texten ihren zugrunde liegenden Intentionen entfremdet und durch päd-
agogisch-didaktische Ziele umgebogen werden, ist eine kritische Frage, die bei
der Untersuchung von Lesebüchern wiederholt ins Spiel gebracht werden sollte.

2.2.1 Was gehört zur Konzeption eines Lesebuchs?

Zur Konzeption eines Lesebuchs gehört die Bestimmung von Zielen/Intentio-
nen, Schwerpunktsetzungen und Begründungen für einzelne Entscheidungs-
prozesse, die wiederum abhängig sind von den leitenden literaturtheoretischen
und fachdidaktischen Annahmen der Verfasser eines Lesebuchs. Aus den zugrunde liegenden theoretischen Prämissen leiten sich Gliederungsprinzipien für
das Lesebuch, Auswahlkriterien für Texte, Textsorten, Themen und Arbeitsanregungen ab. Folgende Fragen helfen, die Konzeption eines Lesebuchs aufzuschließen:

Prüffragen zur Konzeption von Lesebüchern

1. Was ist die literatur-/lesetheoretische und -didaktische Ausgangsposition?
2. Welche leitenden Prinzipien werden zugrunde gelegt?
3. Was sind die Ziele und Intentionen des Lesebuchs?
4. Auf welchen Bereichen/Aspekten liegen die Schwerpunkte?
5. Welche Gliederungsprinzipien für Sequenzen leiten sich aus der literaturdidaktischen Position ab?
6. Welche Auswahlkriterien für Texte und Textsorten ergeben sich aus den
   theoretischen Prämissen und Zielsetzungen?
7. Welche Konsequenzen haben leitende Zielsetzungen und literatur-
   theoretische Annahmen für die Methodik innerhalb eines Lesebuchs?

Zunächst werden vier fachwissenschaftliche und -didaktische Ausgangspositio-
nen skizziert, dann die o. g. Kriterien zur Charakterisierung von Lesebüchern
erörtert und einige Lesebücher in ihrer Konzeption vorgestellt.

2.2.1.1 Zur Literatur- und Lesetheorie

Gegenstand des Lesebuchs sind Texte und sein Ziel, literarische Bildungsprozesse anzuregen. Literarische Bildung ist darauf gerichtet, literarische Kenntnisse

zu vermitteln, Einblick in literaturgeschichtliche Zusammenhänge zu geben, mit unterschiedlichen Gattungen und Genres vertraut zu machen, in die Vielfalt von Erzählformen und – strukturen einzuführen, literarische Perspektiven zu öffnen, Deutungs- und Erschließungskompetenzen zu entwickeln, Lesefähigkeit zu fördern, zur Kommunikation über Literatur und die Lektüre zu befähigen, Zugänge zur Literatur zu öffnen, Lesekonzepte und literarische Fachtermini zu vermitteln, Literatur als eigenes System reflektieren zu lernen und Gesetze des literarischen Marktes zu erkennen. Die jeweiligen Akzentsetzungen variieren mit den Schulformen und werden nach Jahrgangsstufen abgestuft. Der Umgang mit literarischen Texten im Handlungsfeld Schule steht in einer didaktischen Perspektive und erfordert es immer wieder, das Verhältnis von fachwissenschaftlicher Systematik und Lernerbezug auszubalancieren.

Literarische Texte, Literaturgeschichte, Gattungen, Epochen und Stile bilden einerseits das Bezugssystem, aus dem sich Lerninhalte und Ziele für den Literaturunterricht ableiten, andererseits kommen lernerbezogene Kriterien ins Spiel. Die Voraussetzungen von Schülern (Kenntnisstand, Interesse, Motivation) müssen in der Text-, Themen- und Methodenauswahl berücksichtigt werden, um Lernprozesse auslösen und organisieren zu können. Da ein reines Textangebot noch nicht sagt, wie mit Texten umgegangen werden kann, stellt sich die Frage, wie die Beziehung zwischen Text und Leser in didaktischer Perspektive gestaltet werden kann. Diese Frage setzt eine Klärung dessen voraus, was es überhaupt heißt, einen literarischen Text zu verstehen und was Lesen ist. Wie lassen sich Lese- und Deutungskompetenzen im Hinblick auf literarische Texte abstufen und spezifizieren? Literatur- und Verstehenstheorien (Hermeneutik) haben in ihrer langen Geschichte vorrangig den Textbezug fokussiert. Theorien, die den Leser in den Mittelpunkt rücken und seine Rolle im Verstehensprozess hinterfragen, haben eine jüngere Geschichte. Sie führen innerhalb der Literaturwissenschaft und Philosophie zurück zu den Arbeiten von Roman Ingarden (1931) und in der Psychologie zu den bahnbrechenden Behaltensexperimenten von F. C. Bartlett (1932). Seit den 60er Jahren haben sich Literaturwissenschaft, kognitive Psychologie und Semiotik verstärkt mit dem Prozess des Lesens befasst und dessen konstruktiven Charakter herausgearbeitet (Iser 1972; Rumelhart 1980; Eco 1987; Ehlers 1998). Danach ist Lesen ein sukzessiver Prozess der Sinnbildung, bei dem der Leser das in einem Zeitmoment Aufgenommene vor dem Hintergrund dessen interpretiert, was er an Wissen und Erfahrung mitbringt, und das Neue mit vorhandenen Wissensstrukturen verknüpft, damit sich Verstehen einstellt. Allgemein hat sich innerhalb der genannten Disziplinen der Schwerpunkt von einer Produktorientierung, bei der es um das Textverständnis als Ergebnis eines Leseprozesses geht, zu einer Prozessorientierung verlagert, bei dem die einzelnen Komponenten des Lesens und Verstehens im Mittelpunkt stehen, das also, was der Leser tut, um in Wechselwirkung mit einem Text zu einem Verstehen zu gelangen. Prominent geworden ist die Rezeptionsästhetik (Iser 1972). Sie hat vor

allem auf den Leseprozess selbst eingeblendet und hinterfragt, was ist konstitutiv
für das Lesen. Nach modernen Lese-/Verstehenstheorien ist der Sinn eines Textes nicht feststehend und sind Texte keine Behälter für Sinn, sondern ist der Leser die Instanz, die Sinn bildet. Verstehen ist eine konstruktive, aktive Leistung,
bei der der Leser im Zusammenspiel mit dem Text und seinen Informationen
sein Wissen und seine Erfahrung einbringt, um bedeutungsvolle Zusammenhänge zu bilden.

Vor dem Hintergrund rezeptionsästhetischer Literatur-/Lesetheorien hat sich
Mitte der 80er Jahre der sogenannte handlungs- und produktionsorientierte Ansatz innerhalb der Literaturdidaktik entwickelt, der maßgeblich auch die Lesebuchproduktion bestimmt hat (u. a. Haas 1984; Waldmann 1984). In Abgrenzung
von einer schulischen Interpretationspraxis, die textorientiert ist, das Verstehen
dem Reglement methodischer Kontrolle und Objektivation unterwirft und in der
das lehrergesteuerte Unterrichtsgespräch dominiert, hat sich der Schwerpunkt
auf die Subjektivität des Lesers verlagert. Es wurde eine Vielfalt methodischer
Umgangsformen entwickelt, um einen lebendigen Literaturunterricht zu gestalten und Wege zur Literatur zu öffnen. Es besteht eine enge Verbindung zwischen
Lesen und Schreiben und gestalterisch-kreativen Formen, die andere Medien integrieren. Konzeptionell fließt dieser Ansatz in viele moderne Lesebücher ein.
Er wird erkennbar an der Integration ausgeprägter Methodenteile in Lesebüchern, Einbau von Werkstätten, Magazinen und der Betonung operativer und
handlungsorientierter Verfahren (s. Kapitel 2.6). Explizit wird darauf Bezug genommen in: *Unterwegs, Treffpunkte, Leseland, Seitenwechsel*. Lesebücher entwerfen durch ihre Textauswahl, Anordnung und Arbeitsanregungen ihre Leser-
rollen. Generell kann man sagen, dass sie im Leser/Lerner etwas verändern und
bewirken möchten und dass sie den Bezug zu den Erfahrungswelten von Schülern suchen, damit Literatur zugänglich wird und die in ihnen entworfenen Welten und Perspektiven angeeignet werden können. In der älteren hermeneuti-
schen Tradition wird dieser lebensweltliche Bezug als Applikation bezeichnet
und betont damit die Funktion von Literatur im gesellschaftlichen Kontext und
die Wirkung, die sie auf individuelle Leser auszuüben beabsichtigt. Von dieser
theoretischen Grundlage geht *Lektüre* aus und macht die Wirkung von Literatur
– unterhalten wollen, Mitgefühl erwecken, zum Nachdenken anregen, Identifi-
kationen ermöglichen u. a. m. – zu seinem Leitparadigma. Von dort aus strukturiert das Lesebuch sein Textangebot und seine Aufgabenimpulse.

2.2.1.2 Leseförderung/Lesesozialisation

Parallel zur Thematisierung des handlungsbezogenen und produktiven Charak-
ters von Lesen in der Literaturdidaktik und Lesebucharbeit hat sich als eine eigene Linie die Leseförderung durchgesetzt. Diese Ausrichtung muss im Gesamtzusammenhang der veränderten Bedingungen von Lesesozialisation und speziell

literarischer Sozialisation in der Gesellschaft gesehen werden. Die Gefahr der
Verminderung von Lesefähigkeiten und der Veränderung von Leseverhalten
nicht zuletzt durch den Einfluss neuer Medienkulturen und zugleich der erhöhte
Bedarf an Lese-/Schreibfähigkeiten durch die neuen Medien hat die Förderung
von Lesen im schulischen Kontext und die Rolle der Schule für die Habitualisie-
rung von Lesen verstärkt ins Bewusstsein gerufen. Diese Entwicklung hat ebenfalls die Konzeption von Lesebüchern beeinflusst und wird erkennbar an eigenen
Einheiten, wie Leseecken, Lesetraining (*Unterwegs, Treffpunkte*), Lesetipps,
aber auch an der Gesamtzielrichtung von Lesebüchern. Z. B. wendet sich *Magazin* explizit an die Hauptschule und die schwächere Realschule und hat ein eigenes Schülerarbeitsheft entworfen, das speziell der Leseförderung dieser Zielgruppe dient. Auch *Deutsch* betont die Bedeutung von Lesen und möchte durch
sein Textangebot und seine Impulse das Lesen fördern. *Das lesende Klassenzimmer* erklärt die Entwicklung von Lesefähigkeiten ebenfalls zu seinen Zielen. Das
Hirschgraben-Lesebuch setzt durch viele lesemethodische Bearbeitungsvor-
schläge zu Texten, Übungen zu sinnerfassendem und sinngestaltendem Lesen
seinen Akzent auf Leseförderung und Weckung von Leselust. Zur Zielsetzung
von *Seitenwechsel* gehört es, Lesekompetenz, -motivation und -freude zu fördern, betont jedoch im Sinne eines handlungsorientierten Ansatzes die Verbindung von Lesen und Schreiben. Einen Schwerpunkt legt auch *Facetten* auf das
Lesen.

2.2.1.3 Mehrsprachigkeit/Interkulturelles Lernen

Außer Literatur- und Verstehenstheorien bilden sprach- und bildungspolitische
Aspekte einen weiteren Ausgangspunkt für eine Lesebuchkonzeption. Das im
Oldenbourg-Verlag erschienene *Europäische Lesebuch* (1992) geht vom Thema
„Europa" aus. Die Zielsetzung besteht darin, ein Bewusstsein der Zugehörigkeit
zur Europäischen Gemeinschaft zu entwickeln und die Kulturen der anderen eu-
ropäischen Länder kennen zu lernen. Realisiert wird dieser Gedanke in der
Dreisprachigkeit des Lesebuchs. Der Schülerband enthält Originaltexte in engli-
scher, deutscher und französischer Sprache und ist daher in den entsprechenden
Fächern einsetzbar. Mit der Dreisprachigkeit wird Bezug genommen auf den
Gedanken der Förderung von Mehrsprachigkeit im europäischen Kontext. Im
Sinne des fächerübergreifenden Unterrichts soll durch die Interpretation von
Texten und Zusatztexten Einblick in soziale, wirtschaftliche und kulturelle
Bereiche der benachbarten Länder gewährt werden.

Auch die Tatsache, dass die Klassenräume nicht mehr aus sprachlich und kulturell homogenen Lernergruppen bestehen, sondern aufgrund von Migrationsbewegungen heterogen sind, wird in Lesebuchkonzeptionen zunehmend berücksichtigt. *Facetten* hat „Mehrsprachigkeit" ausdrücklich zu einem Schwerpunkt
ernannt, *Lektüre* betont wie *LEO* die intendierte Förderung interkultureller

Lernprozesse und *Doppel-Klick* liegt ein Ansatz zugrunde, der ausdrücklich die
Arbeit mit Deutsch als Zweitsprache bzw. die Arbeit in sprachlich gemischten
Lerngruppen anvisiert, und bietet parallel Schülerarbeitshefte für Deutsch als Mutter-
sprache (DaM) und Deutsch als Zweitsprache (DaZ) an.

2.2.1 Integrativer Deutschunterricht

In der Deutschdidaktik hat sich in den vergangenen Jahren zunehmend der inte-
grative Ansatz durchgesetzt, der die verschiedenen Lernbereiche des Deutschunterrichts miteinander verbinden möchte. Vor diesem Hintergrund hat sich gegenüber der traditionellen Trennung von Sprach- und Lesebuch verstärkt der Typ
des Lesebuchs durchgesetzt, in dem Sprache und Literatur integriert sind. Die
Fachgegenstände und ihre Strukturen sind aufeinander bezogen ebenso wie die
Lernprozesse, die in bezug auf Sprache und Literatur ausgelöst werden sollen.
Literatur ist unter diesem Blickwinkel geeignet, Sprachbewusstheit zu erzeugen.
Die Erfahrung, dass das Lesen und Deuten literarischer Texte immer auch
sprachgebunden verläuft, wird in integrierten Lesewerken konsequent in ein
methodisches Prinzip umgesetzt. Die Artikulation von Lektüreerfahrungen, das
Sich-Darüber-Verständigen-Müssen, Argumente zur Verteidigung der eigenen
Deutung Heranziehen, die schriftliche Umsetzung von Leseerfahrungen, die
Textinterpretation u. a. m. zerfallen nicht in getrennte Lernbereiche (schriftli-
che/mündliche Kommunikation; Umgang mit Texten), sondern werden in integrierten Lesebüchern systematisch verbunden. Sprachliche und literarische
Kenntnisse und Fähigkeiten werden auf diese Weise parallel entwickelt.

In *Deutschbuch* sind die drei Lernbereiche des Deutschunterrichts *Sprechen und
Schreiben; Reflexion über Sprache; Umgang mit Texten* miteinander verbunden. Ausgangspunkt für die Strukturierung bilden dabei Themen aus der Erfahrungswelt der Schüler. Zu diesem Typ von Lesebuch gehören außerdem *Tandem,
Lesen Darstellen Begreifen, Deutsch plus*. Diese Lesewerke besitzen insgesamt
einen komplexeren Aufbau als rein literarische Lesebücher.

2.2.2 Leitprinzipien

In die Gestaltung von Lesebücher fließen Leitprinzipien ein, die inzwischen zum
Standard der gegenwärtigen Pädagogik und Deutschdidaktik gehören, wie Er-
fahrungs- und Schülerbezug, Handlungsorientierung, fächerverbindendes und
-integrierendes Lernen. Der Orientierung an der Erfahrung der Schüler wird vor
allem durch die Themenwahl Rechnung getragen. Das *Hirschgraben-Lesebuch*
bietet ein breites Angebot an Texten, die sich für die Auseinandersetzung mit
Fragen aus dem Lebens- und Erfahrungsbereich von Schülern eignen, ebenso
betonen *Deutschbuch, Deutschstunden, Leseland* und *Lektüre* diese Anknüp-
fung in ihrer Themenstrukturierung. *Treffpunkte* akzentuiert dagegen die Handlungsorientierung im Umgang mit Texten.

Die Einbindung elektronischer Medien gehört zu den jüngeren Anforderungen an das Lesebuch. Elektronische Medien sind noch nicht überall berücksichtigt. Dort, wo sie thematisiert sind, steht der spezifische Fähigkeitsbereich im Umgang mit ihnen im Vordergrund, wie Textverarbeitung, Schreiben (*Tandem, Doppel-Klick*) und Recherche im Internet (*Facetten*). Mögliche Verbindungen zwischen elektronischen Medien und Literatur sind bislang nur ansatzweise herausgearbeitet worden und beziehen sich zumeist auf die Beschaffung von Hintergrundinformationen. Es stellt sich die Frage, ob das Medium Lesebuch hier nicht auch an seine Grenzen stößt, da es mediale Inhalte gibt, die es als Printmedium nicht repräsentieren kann.

Weitere Grundsätze von Lesebüchern sind das entdeckende Lernen, ein lesepädagogischer Ansatz, der auf die Förderung von Lesemotivation/-lust zielt (*Deutschstunden*) und die Betonung der Einheit von Produktion und Rezeption sowie von Produktion und Reflexion (ebenfalls *Deutschstunden*).

2.2.3 Ziele/Intentionen

In ihren Zielen und Intentionen unterscheiden sich die Lesebücher. Auch wenn sich oberflächlich betrachtet manche Ziele und Intentionen, wie sie explizit in Lehrerbänden formuliert werden, ähneln, so ist doch deren Realisierung wiederum sehr unterschiedlich. Allgemein gehört es zu den Intentionen von vielen Lesebüchern, literarische Bildungsprozesse anzuregen, indem Kenntnisse über Gattungen/Textsorten, Autoren und literaturgeschichtliche Zusammenhänge vermittelt werden. Eine andere Intention zielt auf die Förderung von Leselust und die Verarbeitung von Erfahrungen durch das Medium von Literatur (*Deutschstunden*). *Doppel-Klick* unterscheidet sich von anderen Lesebüchern dadurch, dass es interkulturelle Lernprozesse anregen möchte. Weitere Ziele gelten der Vermittlung von Umgangsweisen mit Texten, der Erweiterung von Leserhorizonten und vorhandener Rezeptionsfähigkeiten, der Anregung von Prozessen des Fremd- und Selbstverstehens und der kritischen Auseinandersetzung mit Wirklichkeiten.

2.2.4 Schwerpunkte

Aus den übergeordneten Zielen und Absichten sowie der fachwissenschaftlichen und didaktischen Grundlage ergeben sich die Schwerpunkte von Lesebüchern. Sie variieren mit der anvisierten Schulform, für die ein Lesebuch gedacht ist. Typische Schwerpunkte sind: Leseanregung, Methoden im Umgang mit Texten, Einbeziehung von Weltliteratur (*Facetten*), Thematisierung von Mehrsprachigkeit und Interkulturalität (*Facetten, Doppel-Klick*), Förderung von Interpretationskompetenzen und Bildungswissen. Intentionen und Schwerpunkte bestimmen wiederum die Auswahl und Anordnung von Texten. In interkulturell ausgerichteten Lesebüchern werden Texte von Autoren und Schülern mit Migrationshintergrund aufgenommen: *Facetten* öffnet den Kanon von Texten und Autoren, die repräsentativ für Epochen und Epochenumbrüche sind, für Autoren der Weltliteratur, wie Márquez, Murakami, Antunes.

Auf die Konsequenzen, die die Leitprinzipien der Lerner- und Handlungsorientierung und die intendierte Leseförderung auf Arbeitsanregungen haben, wurde bereits hingewiesen.

Exemplarisch soll anhand einiger Lesebücher der Zusammenhang von theoretischen Prämissen und Lesebuchkonzeption aufgezeigt werden:

Treffpunkte	(Lesebuch für die H, hrsg. v. W. Menzel, Schroedel-Verlag 1988 ff.)
Literaturdidaktische Theorie	Bleibt teilweise implizit; explizit: der Bezug auf eine handlungsorientierte Literaturdidaktik
Leitprinzipien	Handlungs- und Schülerorientierung
Ziele/Intentionen	Öffnen von literarischen Perspektiven, Zugangsweisen, motivierende Wege der Textvermittlung Erweiterung von Erfahrungen durch Lesen
Schwerpunkte	Leseanregungen, -motivation auch außerhalb der Schule Methodik des Umgangs mit Texten
Gliederungsprinzip	thematisch-inhaltlich und methodisch-handlungsbezogen
Themen	Relevante Themen speziell für Hauptschüler
Gattungen/Textsorten	verschiedene Textsorten, dominant: literarische Texte
Methodik	Handlungsorientierter Umgang mit Texten, operative Verfahren; Einbau von Werkstätten und Magazinen

Deutschstunden	(Lese-/Arbeitsbuch für R + G [Sek. I], Cornelsen Verlag 1997 ff.)
Literaturdidaktische Theorie	Subjektivität des Lesers und adäquate Textrezeption; Förderung von Fremd- und Selbstverstehen; Zusammenhang von Lesen und Produktion
Leitprinzipien	Leserorientierung, Erfahrungsbezug, entdeckendes Lernen, Einheit von Produktion-Rezeption/Reflexion
Ziele/Intentionen	Lesepädagogik: Förderung von Leselust; Integration von Lernbereichen
Schwerpunkte	Lesen, Erfahrungsaustausch und Medienpädagogik
Gliederungsprinzip	Gliederung nach Themen und Gattungen, jedoch nicht integrativ, sondern wechselnd
Themen	Themen aus dem Erfahrungsbereich von Schülern
Gattungen/Textsorten	literarische Texte, insbesondere KJL, aber auch Sach- und Medientexte
Methodik	Übungen zur Reflexion und zum Lesen sowie Gestaltungsaufgaben

Doppel-Klick	(Sprach-/Lesebuch für die H + GS, Cornelsen Verlag 2001 ff.)
Literaturdidakti-sche Theorie	Interkulturelle Didaktik
Leitprinzipien	Schülerorientierung und interkulturelles Lernen, Integration von Sprache und Lesen/Umgang mit Texten
Ziele/Intentionen	Förderung von interkulturellem Verstehen; Integration von Deutsch als Muttersprache und Deutsch als Zweitsprache
Schwerpunkte	Förderung von Spracherwerbsprozessen, Vermittlung von Techniken, Auseinandersetzung mit Gattungen, Autoren und Medien
Gliederungsprinzip	Thematisch inhaltlich, gattungsbezogen und fertigkeitsbezogen
Themen	Relevante Themen für Schüler deutscher und nicht-deutscher Herkunft; interkulturelle Inhalte
Gattungen/Textsorten	Verschiedene einfache Textsorten
Methodik	Sprachbezogener Umgang mit Texten, Arbeitstechniken, Einbau von Werkstätten und Projekten

Zur selbstständigen Erarbeitung der Konzeption von Lesebüchern findet sich ein Arbeitsblatt (A 2) auf Seite 133.

2.2.5 Typenbildung

Angesichts des breiten Angebots an Lesebüchern und der Komplexität ihres inneren Aufbaus ist es nicht leicht, Lesebücher nach Typen zu systematisieren. Hier wird zur ersten Orientierung folgende Typenunterteilung vorgeschlagen:

1. Das literarische Lesebuch,
2. Das Lesebuch, das sich als Lese- und Arbeitsbuch versteht,
3. Das integrierte Lesewerk, das Sprach- und Lesebuch in einem ist.

Intention, Schwerpunktsetzung, die interne Struktur, Gliederungskriterien eines Lesebuchs sind die dominanten Unterscheidungsmerkmale für die Typenbildung. Diesen Typen lassen sich einzelne Lesebücher (= Exemplare eines Typs) zuordnen. Bei jeder Typenbildung gibt es einen Kern und Ränder, an denen die Merkmale diffus werden, so dass sich einige Lesebücher nicht eindeutig dem einen oder anderen Typ zuordnen lassen. Teilen sie jedoch eine Schnittmenge von Merkmalen, so lassen sie sich einem Typ zuordnen, auch wenn sie weitere Charakteristika aufweisen, die hier nicht hineinpassen und die Übergänge fließend machen. Dadurch entstehen Spielräume und Zwischentypen, auf die an dieser Stelle jedoch nicht eingegangen wird. Orientierungsbildend für die Einteilung ist das Selbstverständnis und die Eigendefinition von Lesewerken.

1. Typ: Das literarische Lesebuch

Dieser Typ von Lesebuch versteht sich primär als Text- und Lektüreangebot und nimmt teilweise den Charakter einer Anthologie an. Ein solches Lesebuch verzichtet im Allgemeinen auf einen ausgefeilten Methodenapparat und gibt nur dosiert Arbeitsanregungen und Fragestellungen zu Texten. Lesebücher dieses Typs wenden sich zumeist an das Gymnasium und enthalten in ihrem Textkorpus vorwiegend literarische Texte. Zu diesem Typ von Lesebuch gehören: *Lesereise* (ein bayrisches Lesebuch), *Lesezeichen* und *LesArt*. Das Kernziel ist die literarische Bildung. *Lektüre* ist ein literarisches Lesebuch, das verschiedene Aufgaben enthält, um Texte aus unterschiedlichen Perspektiven aufzuschließen.

2. Typ: Das Lese- und Arbeitsbuch

Das Selbstverständnis eines Lesebuchs als Arbeitsbuch hat eine Tradition, die auf H. Helmers zurückgeht, der als erster den Typ des literarischen Arbeitsbuches geschaffen hat. Seitdem hat sich der Arbeitscharakter in Abhängigkeit von Entwicklungen in der Literatur- und Lesetheorie seit den 60er Jahren verändert. Die Betonung des Arbeitscharakters spielt auf die Integration von Methodenteilen in das Lesebuch an: differenzierte Verfahrensweisen im Umgang mit Texten, Werkstätten, Magazine, Einbau von freien Arbeitsphasen, selbstständige Aufgabenteile und Unterrichtsvorschläge. Das Lesebuch dieses Typs bietet nicht nur Texte zum Lesen und Kennenlernen an, sondern zeigt Wege des Umgehens mit und Erschließens von Texten und der Aneignung von entsprechenden Lesefertigkeiten, literarischen Kenntnissen und Deutungskompetenzen.

Zu diesem Typ gehören explizit:

Unterwegs (R, G, GS)
Treffpunkte (H, R)
Leseland (R, M)
Wort und Sinn (G)
Facetten (G)
Seitenwechsel (G)

3. Typ: Das integrierte Lesewerk: Sprach- und Lesebuch

Lesen Darstellen Begreifen strebt die sprachliche und literarische Bildung an. Dieses integrierte Lesewerk ist bereits in den 70er Jahren konzipiert worden und liegt nun in einer neuen Ausgabe vor. Das Lesewerk zielt auf die Erweiterung und Differenzierung von Erfahrungsfähigkeiten von Schülern. Es ist in drei Arbeitsbereiche untergliedert, die den Lehrplänen aller Bundesländer entsprechen, wenn auch die einzelnen Arbeitsbereiche terminologisch unterschiedlich bezeichnet sind. Der erste Arbeitsbereich heißt *Lesen und Verstehen*, der zweite *Sprechen und Schreiben* und der dritte *Untersuchen und Begreifen*. Angestrebt ist die Integration dieser Arbeitsbereiche. Wie die Verzahnung der Arbeitsbereiche mit ihren jeweiligen Zielen aussieht, wird in den Lehrerbegleitheften reflektiert. Z. B. ist das Lehrplanziel des ersten Arbeitskreises auf die verschiedenen Gattungen bezogen, wie Fabel oder Märchen. Das Lehrplanziel im zweiten Arbeitsbereich gilt dem Schreiben und kann mit dem ersten in der Weise verflochten sein, dass Geschichten umgeschrieben werden und dadurch den Schülern kreative Leistungen abverlangt werden. Das Ziel des dritten Arbeitsbereiches, z. b. sprachliche Phänomene wie Pronominalisierung und Herstellen von Textkohärenz, kann durchaus auf den ersten Arbeitsbereich bezogen sein, indem die spezifische Funktion sprachlicher Phänomene im Zusammenhang mit Gattungen reflektiert und bearbeitet wird. Ein weiteres Thema, das sich für die Verzahnung verschiedener Lernbereiche in Leselehrwerken anbietet, ist das Erzählen. Es kann sowohl im Hinblick auf das Verstehen erzählender Literatur thematisiert werden, als auch im Hinblick auf die Förderung schriftlicher und mündlicher Erzählfähigkeit (s. dazu *Tandem*). Weitere integrierte Leselehrwerke sind: *Tandem, Deutschstunden, Deutschbuch, Deutsch plus, Doppel-Klick.*

Integrierte Leselehrwerke sind im Allgemeinen komplex strukturiert. Die Gliederung in Arbeits- oder Lernbereiche erfordert einen größeren Umfang als einfache Lesebücher und eine vielfältigere Methodik, die in einzelnen Arbeitsimpulsen immer wieder versucht, die Verbindung zwischen den Lernbereichen zu verdeutlichen. In dem Lesewerk *Deutschbuch* aus dem Cornelsen Verlag spiegeln sich der komplexe Aufbau und die Untergliederung in Lernbereiche des Deutschunterrichts grafisch-optisch, indem jedem Lernbereich eine bestimmte Farbe zugeordnet ist. Das erleichtert dem Leser die Orientierung innerhalb des Leselehrwerks, so dass er in jedem Moment weiß, in welchem dominanten Lernbereich er sich bewegt und wie dieser mit den anderen beiden verknüpft ist. Innerhalb der Gruppe der integrierten Lesebücher gibt es wiederum grundlegende konzeptionelle Unterschiede, die mit dieser ersten Typisierung noch nicht erfasst sind. Dafür bedarf es jedoch der Entfaltung von weiteren Beschreibungskategorien. (s. 3. Kapitel).

2.3 Themen/Inhalte

Die Themen von Lesebüchern und ihre Entwicklung spiegeln nicht nur unterschiedliche literatur- und deutschdidaktische Positionen, sondern auch Gesellschaftsprozesse. Durch den Wandel von gesellschaftlichen Strukturen, Familienverhältnissen, Alltags- und Lebenswelten, Kommunikationstechnologien, Migrationsbewegungen – um nur einige Aspekte zu erwähnen – ändern sich die Themen, die für Mitglieder einer Gesellschaft zu bestimmten Zeiten in den Vordergrund rücken und eine Relevanz gewinnen. Solche thematischen Relevanzstrukturen verändern sich im Laufe der Geschichte, indem neue Themen hervortreten und andere in den Hintergrund drängen oder alte Themen aus einem veränderten Blickwinkel neu belebt werden.

In Textinhalten reflektieren sich verschiedene Facetten von Welt und subjektive Erfahrungen in Geschichte wie Gegenwart. Lesebücher erfüllen eine sozialisatorische Funktion, indem sie Schüler in gesellschaftlich und individuell bedeutsame Themenstrukturen einführen und vermittelt über Texte zur Auseinandersetzung mit der Wirklichkeit und mit Weltbildern anregen. Lesebücher markieren den thematisch-inhaltlichen Bereich durch Überschriften wie „Texte und Themen" und grenzen ihn von methodischen Teilen, wie Werkstätten, ab. Unterschiede zwischen Lesebüchern zeigen sich nicht nur in der Themenwahl, sondern auch in der Art und Weise, wie durch die Selektion und Zusammenstellung von Texten und Gattungen/Textsorten ein Thema aufgeschlossen wird. Für die Annäherung an Themen und ihre Strukturierung in Lesebüchern sind folgende Prüffragen hilfreich:

Prüffragen zu Themen

1. Welche thematische Struktur enthält ein Lesebuch?
2. Wie sind die Themen curricular aufgebaut? Wie verteilen sich die Themen von der 5. bis zur 10. Jahrgangsstufe?
3. Welche Unterschiede bestehen in den Themen zwischen den Lesebüchern?
4. Wie wird ein und dasselbe Thema in verschiedenen Lesebüchern durch Texte, Autoren, Gattungen, Arbeitsanregungen erschlossen?
5. Welche Unterschiede bestehen in den Themen zwischen Lesebüchern verschiedener Schulformen (H, R, G)?
6. Welche Themen sind konstant geblieben im Laufe der Entwicklung des Lesebuchs? Welche Themen sind in der jüngeren Vergangenheit und Gegenwart neu hinzugekommen?

2.3.1 Thematische Struktur

Ein Blick in gegenwärtige Lesebücher zeigt die Bandbreite an Themen, die vom *Erwachsenwerden* über *Reisen, Träume, Mode, Freundschaften, Jahreszeiten* bis zu *Ausblicken in die Zukunft, fremde Planeten, Hexen* und *Höhlen* reichen.

Oft bildet das Kapitelthema ein Hauptthema, das sich innerhalb des Kapitels in Subthemen untergliedert. Das ist der Fall bei *Tandem, Seitenwechsel* oder *Deutschbuch*, dessen erstes Kapitel in Band 9 (1999) mit *Jugendkultur* überschrieben ist und die drei Teilthemen *Jugend heute – Hauptsache Freizeit?, Jugendliche im Spiegel der Gegenwartsliteratur, Wandervögel und Teenager – Jugend im 20. Jahrhundert* umfasst.

Die vielen Einzelthemen in Lesebüchern lassen sich zu übergeordneten Themenkomplexen gruppieren. Eine solche thematische Struktur bietet eine Orientierung in Bezug auf Lesebücher und gibt Aufschluss über didaktische Akzente und Intentionen. Einige Lesebücher bieten Übersichten über ihre Themenstrukturen in den Jahrgangsbänden (*Seitenwechsel*). Nach Durchsicht der verschiedensten Lesebücher bilden sich sechs Kategorien heraus, die eine Systematisierung von Einzelthemen ermöglichen. Es handelt sich um Grundkategorien der Erfassung von Wirklichkeit und der Erfahrungen des Subjekts, das sich zu dieser Wirklichkeit in Beziehung setzt. Zum einen kann in Anlehnung an Habermas (1975) ein Bereich der inneren Erfahrungen und der Subjektwerdung vom äußeren Bereich von Umwelt, Natur und Gesellschaft abgegrenzt werden. Des weiteren sind die Bereiche „Freizeit/Arbeitswelt" und „Kommunikation/Sprache" als Medium der Verständigung und des Ich-Ausdrucks, ohne die auch keine Persönlichkeitsentwicklung und Bildung von Ich-Identität und sozialer Identität möglich sind, voneinander zu trennen. Als letztes ist die thematische Kategorie *Literarische Sozialisation* aufzuführen, die spezifisch ist für Lesebücher und ihren Anspruch, eine literarische Bildung/Erziehung zu ermöglichen. (Siehe nachfolgende Tabelle)

Hauptthemen	Einzelthemen
Ich-Identität/ Innere Natur	Erwachsenwerden, Fremdheitsgefühle, Träume, Liebe, Persönlichkeit, Einsamkeit
Soziale Dimension Gesellschaft	Generationen, Fremdsein, Gewalt, Freundschaften, Frauen-Männer, Geschlecht, Mode, Vorbilder Juden, Minderheiten, Diskriminierung
Umwelt, Natur, Technik	Entdeckungen, fremde Planeten, Medien, Autos, Computer, Tiere, Pflanzen, Jahreszeiten, Erde, Forschung, Reisen, Tourismus, Höhle
Freizeit, Arbeitswelt	Kinderarbeit, Berufe, Studium, Schauspieler, Jugendkultur
Sprache/Kommunikation	Sich-Informieren, Sich-Ausdrücken, Nachrichten, Medien, Gefühle in der Literatur
Literatur, literarische Sozialisation	Autorenporträts, literarische Streifzüge, Frauenliteratur, Nachkriegsliteratur, Bücher, Leseverhalten

Da die Selektion von Themen, ihre Anordnung und Verteilung auf einzelne Jahrgangsstufen im Kontext eines Lesewerks von didaktischen Intentionen bestimmt
sind, muss die vorgeschlagene Systematisierung nach Kategorien der Erfassung
von Welt ergänzt werden um Kategorien, die <u>didaktische Intentionen</u> verdeutlichen. Zu den didaktischen Intentionen gehört es, ein Erfahrungs- und Problem-
spektrum zu öffnen, das die Welt und ihre Gegenstände gliedert, ordnet, begriff-
lich fixiert, verarbeitet, emotional wie kognitiv zugänglich macht und dergestalt
das Erfahrungs- und Begriffsvermögen von Schülern erweitert und systemati-
siert. In dieser Perspektive werden Themen in Lesebüchern ausgewählt, die

a) altersspezifischen Interessen und Vorlieben entsprechen: Autos, Tiere,
   Planeten, Sport, Entdeckungen

b) jugendliche Problem/-Konfliktbereiche fokussieren: Ich-Identität, Generationen, Gewalt, Angst

c) an Erfahrungsbereiche anknüpfen: Liebe, Freundschaft, Familie,
   Freizeit, Medien, Schule

d) eine sozialisatorische Funktion haben, indem sie Erfahrungsbereiche/Le-
   benswelten von Schülern in diesem kulturellen Kontext transzendieren:
   Dritte Welt, Hunger, Kinderarbeit

e) eine geschichtliche Dimension haben: Juden/Nationalsozialismus, Mittelalter

f) eine biographisch-berufsbezogene Perspektive öffnen: Beruf, Arbeit,
   Studium

g) eine entwicklungspsychologische Funktion haben, indem sie Kategorien/
   Weltsichten enthalten, die das Begriffsvermögen erweitern, z. B. Erfahrung von Gewalt in der Schule bis zu abstrakteren Themen wie Vorurteile
   und Rassismus.

2.3.2 Sequenzen von Themen

Als ein Beispiel für die Sequenzierung von Themen innerhalb eines Lesebuchs
habe ich *Treffpunkte* gewählt. Für weitere Recherchen bietet es sich an, mögliche Themenveränderungen gegenüber Lesebüchern der früheren DDR herauszuarbeiten.

Treffpunkte (H; Schroedel-Verlag 1988 ff.)

Band 5	Band 6	Band 7	Band 8	Band 9
Jahreszeiten	Tageszeiten	Schule	Wie soll ich es sagen?	Liebe
Fremde	Jahreszeiten	Wer bin ich?	Töchter, Söhne	Mütter/Väter, Töchter/Söhne
Gegeneinander (Streit, Kampf)	Fremde	Zuneigung – Enttäuschung	Menschen: Autoren	Wald
Kinder – Erwachsene	Grenzen	Arbeit	Frieden	Arbeitsplätze
Besonderer Platz	Tiere	Erforschung der Pole	Arbeitsplätze	Widerstand
Angst	Autos	Computer	Technologie	Drogen
Tiere		Weihnachten	Mode	
Telefonieren				

Es handelt sich um gängige Themen – *Jahreszeiten, Tiere, Generationen, Arbeit/ Beruf, Liebe, Ich-Identität* –, die in vielen Lesebüchern der Gegenwart auftreten, allerdings mit unterschiedlicher Verteilung auf die Lesebuchbände. Das Thema *Tiere* z. B. kommt im 5. Band von *LesArt, Leseland, Hirschgraben-Lesebuch, Seitenwechsel, Tandem, Treffpunkte, Wort und Sinn* vor, wird dann bei den genannten Lesebüchern entweder gar nicht mehr aufgegriffen (*Hirschgraben-Lesebuch, Seitenwechsel, Wort und Sinn*) oder nur noch im Folgeband 6 (*ansichten, Leseland, Treffpunkte*). Typische Themen der 5. und 6. Jahrgangsstufe sind *Tiere, Angst, Jahres-* und *Tageszeiten*, während *Arbeit/Beruf* und *Schule* erst ab dem 7. Band (*Treffpunkte*), überwiegend aber erst im 8. Band (*Seitenwechsel*) oder in Band 9 (*Hirschgraben-Lesebuch, Unterwegs*) aufgenommen wird. Auch *Arbeit* oder *Drogen* tauchen erst ab Jahrgangsstufe 7 und 8 auf.

Quantitativ verteilen sich die Einzelthemen auf die genannten Hauptkategorien so, dass die zweite und dritte Kategorie (*Ich-Identität, Soziale Dimension*) dominieren und ihnen jeweils zehn und mehr Themen zugeordnet sind, während die anderen vier Hauptkategorien mit weniger als fünf Themen vertreten sind. Dieses Bild verändert sich bei Lesebüchern für das Gymnasium (s. Abschnitt 2.3.5).

Einige Lesebücher haben einen spiralcurricularen Ansatz, d. h., dass bestimmte Themen in Folgebänden unter einem anderen Aspekt wieder aufgegriffen werden. Damit ist eine Progression in der Themenentfaltung angelegt. Beispielsweise thematisiert *Leseland* in Band 6 und 7 *Schule/Schulzeit* und modifiziert das Thema in der Weise, dass in Band 6 (1992) Texte ausgewählt werden, in denen Erfahrungen im Schulleben und mit Schülern/Lehrern narrativ verarbeitet werden. Dazu gehören die Texte: M. Steenfatt „Post für dich, Anschi", C. Nöstlinger „Am Montag ist alles ganz anders. Tagebuchnotizen", P. Weiss „Sitzengeblieben" und J.-J. Sempé/R. Goscinny „Der Schulrat war da". Im 7. Band (1991) wird durch die Textauswahl eher ein Problemaufriss aus der Schüler- und Lehrerperspektive gegeben: Probleme in der Sonderschule oder Schulstress. Ausgewählt wurden dafür außer literarischen Texten (M. Pressler „Ich weiß noch, wie es war", M. Gripe „Hugo") Texte von Schülern und Lehrern, die von ihren Problemen berichten. Eine interne thematische Vernetzung innerhalb der Lesebuchbände wird vorgenommen, indem das Thema *Schule* auch im Kapitel über *Afrika* eine Rolle spielt und somit ein kultureller Aspekt in das Themenfeld integriert wird.

Ein anderes Beispiel bietet *Lektüre* (G), das jeden Band mit dem Thema *Alltag* eröffnet. Das Thema wird über literarische Texte erschlossen, die verschiedene Facetten von Alltag und Alltagserfahrungen in wechselnde Perspektiven rücken. Im ersten Teil von Band 7 stehen in Gedichten von Ulla Hahn, Ulla Meineke, Hans K. Wehren und Prosatexten von Günter Kunert und Friedrich Hundertwasser *Straßen* und die *Großstadt* im Vordergrund. Im zweiten Teil gehen die Texte auf *Menschen im Alltag* ein, die durch ein Problem, eine Eigenschaft, einen Beruf und durch ihre Selbstwahrnehmung aus dem Alltäglich-Durchschnittlichen hervorstechen. Hier finden sich bekannte Kurzgeschichten von Ilse Aichinger und Dora Ott neben einem Text von Herbert Friedmann, einem Zeitungsartikel mit einem Porträt einer Zeitungsverkäuferin sowie einem Bericht einer Sportlerin.

In Band 8 von *Lektüre* ist das Einleitungskapitel überschrieben mit *Alltag live*. Der Akzent liegt auf Zeiterfahrungen (Momente des Glücks) von Einzelnen und innerhalb von Familien. Durch Texte von Karl Krolow, Kurt Tucholsky, Günter Kunert, Rose Ausländer, Franz Hohler, Jürgen Becker u. a. wird dieser Themenkomplex erschlossen und zugänglich gemacht.

In Band 9 werden unter dem Leitthema *Auch das ist Alltag Liebe* und *Tod* in Texten u. a. von Günter Eich, Peter Bichsel, Hans Bender aber auch Andreas Gryphius behandelt. Der Band 10 wendet sich mit dem Thema *Acht Stunden sind kein (All)tag – Arbeit und Freizeit* der Strukturierung von Alltag durch Arbeitsrhythmen und der Zweiteilung von privat und öffentlich zu. Aus unterschiedlichen Perspektiven werden dieser Teil von Alltag und seine Erfahrungen in Texten von Günter Wallraff, Peter Weiss, Gabriele Wohmann und Norbert Gstrein behandelt.

2.3.3 Themenunterschiede zwischen Lesebüchern

Einen Überblick über das Themenspektrum in Lesebüchern der 90er Jahre gibt die folgende Tabelle zu den Lesebänden der 8. Jahrgangsstufe.

Leseland (1991)	ansichten (1995)	Unterwegs (1992)	Hirschgraben (1990)	Magazin (2000)
14 werden; Monde/Entdeckungen; Entwicklung der Menschheit; Neue Welt; Nachricht (TV/ Zeitung); wichtige Augenblicke; Bretter, die die Welt ...; Träume; Vorbilder; Anders als die Anderen; Reisen; Kleider machen Leute	Kinder haben Rechte; Vom leisen Glück; Autos überall; Nie wieder; Auf fremden Pfaden; Kleider machen Leute	Dass du mich liebst ...; Widerstehen; Frauenleben, Arbeitsleben; Automobile Gesellschaft; Begegnungen mit anderen Welten; Hexen; Der fremde Planet	Wale; Menschen – Natur erforschen; Zwischen heut und morgen; Paradies; Kinderarbeit; Freundschaft; Das andere Geschlecht; Generationen; Berufe; Informiert; Mit anderen Augen	Amerika; Inseln; Perspektiven; Sich-Fremd-Fühlen; Steine; Sternkinder (Juden); Lebensgeschichten; So ist es; Aufhören – Können; Ausblicke (Zukunft)

Auffällig ist zunächst der quantitative Aspekt: *ansichten* enthält sechs thematische Sequenzen, während *Leseland* und das *Hirschgraben-Lesebuch* mit elf Sequenzen eine größere inhaltlich-stoffliche Bandbreite anbieten.

Entdeckungen, Reisen, Kontinente, Fremdheitserfahrungen, Kleidung, Natur, Generationen, Träume und Autos sind prominente Themen dieser Lesebuchgeneration. Zu den wiederkehrenden Themen gehören u. a. Arbeit/Beruf und Entdeckungen, wie die folgende Übersichtstabelle zeigt.

Gleiche Themen in Band 8 von Lesebüchern:

Unterwegs (1992)	Leseland (1991)	Treffpunkte (1993)	ansichten (1995)	Hirschgraben (1990)	Seitenwechsel (1998)	Lektüre (1992)	Wege zum Lesen (1989)
Fremder Planet	Mond/ Entdeckungen					Erde/ Mond/ Entdeckungen	
Arbeitsleben		Arbeitsleben		Berufe	Arbeit		Arbeitsplätze
		Frieden	Nie wieder Krieg				

Bei fünf von acht Lesebüchern bestehen thematische Überschneidungen im Bereich *Arbeit/Beruf*. Die anderen beiden Themen (*Frieden/Krieg*) treten jeweils nur in zwei Lesebüchern auf, während *Planeten/Entdeckungen* in drei Lesebüchern thematisiert werden.

2.3.4 Zusammenhang von Themen, Texten, Gattungen/Textsorten, Arbeitsanregungen

2.3.4.1 Themen und Texte

Je nachdem, unter welchem Dachthema Texte und Gattungen zusammengestellt sind, ändert sich der Blick auf die Texte. Speziell literarische Texte enthalten ein Bedeutungspotential, das unter verschiedenen Gesichtspunkten thematisch erschlossen werden kann. Die Subsumtion unter ein Thema legt einen Text auf eine interpretatorische Richtung fest. Wie differenziert jedoch eine thematische Dimension eines Textes behandelt wird, hängt von den benachbarten Themen und Texten ab und von den Arbeitsanregungen und Denkanstössen. Innerhalb eines Lesebuchs werden Texte und Themen perspektiviert durch die anderen Themen und Texte innerhalb einer Sequenz, so dass eine Wechselwirkung entsteht. Diese Perspektivierung kann durch Arbeitsanregungen auch zum Gegenstand von Unterricht gemacht werden.

Durch die Zuordnung von Texten zu thematischen Sequenzen können Themen in sich aufgeschlüsselt werden. Jedes Thema umfasst eine Reihe von Subthemen, von denen die einen zum Kernbereich gehören und die anderen eher randständig sind. Durch Textauswahl und -anordnung entstehen thematische Schwerpunkte. Beispielsweise bilden sich in *Unterwegs* 7 (1993) zu dem leitenden Thema *Natur – Mensch* durch die Textanordnung drei untergeordnete Themen heraus: *Erfahrung von Jahreszeiten, Naturkatastrophen, Umwelt- und Naturzerstörung*. Das erste Subthema vermittelt einen spezifischen Erfahrungsinhalt durch Frühlings- und Herbstgedichte von A. Holz, J. Eichendorff, R. Ausländer, T. Storm, B. Brecht, P. Huchel, L. Kaschnitz. *Naturkatastrophen* und *-zerstörung* wird über Prosa- und Sachtexte u. a. von H. Kaufmann, J. W. v. Goethe und S. Jonas zugänglich gemacht. Am Ende des Kapitels vermitteln Gedichte von W. Biermann, S. Kirsch, L. Fels, G. Kunert, J. Becher und ein Prosatext von M. Kaschnitz Bilder von zerstörter Natur und Naturgewalt.

Unterwegs 7 (1993)		
Leitthema	Natur und Mensch	
Subthemen	Erfahrung von Jahreszeiten	Naturkatastrophe	Umwelt-/Natur-zerstörung
Texte	A. Holz J. Eichendorff R. Ausländer T. Storm B. Brecht P. Huchel L. Kaschnitz	H. Kaufmann J. W. v. Goethe S. Jonas	W. Biermann S. Kirsch L. Fels G. Kunert J. Becher M. Kaschnitz
Gattung	Gedichte	Prosa-/Sachtexte	Gedichte, 1 Prosatext

Als Vergleich bietet sich die Behandlung des gleichen Themas in *Lektüre* 8 (1992) an, das ein breiteres Spektrum an Naturbildern und -erfahrungen im Laufe der Literaturgeschichte in der Textauswahl präsentiert. Es beginnt mit einem Auszug aus der Schöpfungsgeschichte, einem indianischen Text und einem Auszug aus „Faust", setzt sich fort über das „Abendlied" von M. Claudius und seine Umdeutung durch H. Weinzierl. Darauf folgen mehrere Baum-Gedichte von G. Heym, C. Reinig, S. Kirsch, G. Eich, Naturbilder vom See von Goethe und S. George, ein Frühlingsgedicht von A. Holz, dann schließen Texte von V. Braun, H. M. Novak und G. Kunert, die moderne Erfahrungen von zerstörter und betonierter Umwelt thematisieren, das Kapitel ab. Im Vergleich zu *Unterwegs* 7 sind Naturgewalt und -katastrophen in *Lektüre* nicht angesprochen, Lyrik ist die vorherrschende Gattung, während in *Unterwegs* 7 mehrere Prosatexte und vor allem Berichte über Naturkatastrophen vorkommen, die den Sachbezug und Realitätsgehalt verstärken.

2.3.4.2 Themen und Gattungen

Ein Beispiel für die Zuordnung von Thema und Gattung bietet *Magazin 8* (2000). Zum einen ist das Kapitel *Sich-Fremd-Fühlen* mit der Intention verbunden, in Kürzestgeschichten einzuführen, zum anderen sollen die Ereignisse und Verhaltensweisen in den Fabeln aus unterschiedlichen Perspektiven betrachtet werden. Der Erwerb von Gattungskompetenzen erfolgt im Zusammenspiel mit der Befähigung zum Perspektivenwechsel. Es werden Fabeln von Äsop und Babrios nacherzählt, dann noch ein theoretischer Text von Luther. Aufgaben, die zum Perspektivenwechsel anregen, gehen dahin, die Gedanken und Ansichten von auftretenden Tieren nachzuvollziehen, eine Tierfabel in eine Menschenfabel umzuwandeln und die Eigenschaften der Tiere jeweils zu ersetzen.

Einen anderen Akzent in der Verbindung von Thema-Gattung setzt *Wort und Sinn*, das jugendgemäße Themen mit Romanen der Kinder- und Jugendliteratur zu Sequenzen anordnet: *Abenteuer in Jugendbüchern* (Bd. 5), *Freundschaft in Jugendbüchern* (Bd. 6).

2.3.4.3 Verbindung von Themen und Aufgaben

Viele Arbeitsanregungen zielen auf die inhaltliche Erschließung eines Textes und die Erweiterung von Verständnis- und Beschreibungskategorien für Textinhalte. Aber Themen werden nicht nur über Textinhalte zugänglich gemacht und erarbeitet, sondern auch über themenspezifische Kompetenzen. Z. B. gehören zum Themenfeld *Beruf* nicht nur Sachkenntnisse, sondern auch die Fähigkeit, sich vorzustellen, zu bewerben und relevante Informationen über Berufe zu ermitteln. Auf solche Kompetenzbereiche sind in dem integrierten Lesewerk *Deutschbuch 9* die Aufgaben, ein Bewerbungsschreiben und einen Lebenslauf zu verfassen, bezogen (1999, 78). Ein anderes Beispiel bietet *Seitenwechsel 10*

(1999, 157), in dem der „Judenbuche" von A. v. Droste-Hülshoff die Aufgabe zugeordnet ist:

> *Wie schildert sie ihre Landsleute? Wie steht die Schriftstellerin zu den handeln-den Personen?*
> *Wer hat den Juden Aaron umgebracht? /.../*

2.3.5 Unterschiede zwischen Themen verschiedener Schulformen

Lesebücher, die für verschiedene Schulformen konzipiert sind, unterscheiden sich nicht nur in der Auswahl ihrer Texte und Gattungen/Textsorten, sondern auch im Themenangebot und in der Themenerschließung durch Textarbeit und Arbeitsanregungen. Auffällig an dem für das Gymnasium entwickelte Lesebuch *Lektüre* ist, dass jeder Band am Ende *Lesen* zum Thema macht. Es geht um Lesebilder, Lektüren, Selbstreflexionen von Lesenden/Autoren in der Literatur. Eine Reihe von Themen sind aufgrund ihres erforderlichen Reflexionsniveaus und ihrer Ausrichtung auf literarisches Bildungswissen gymnasialspezifisch. Dazu gehören: *Mythen* (Bd. 7, 8, 10), *Dada* (Bd. 9), *Utopien* (Bd. 10). Andere Themen, wie *Jahreszeiten und Entdeckungen,* überschneiden sich mit den Inhalten/Stoffen anderer Lesebücher. *Facetten* ordnet seinen mit „Texte und Themen" überschriebenen dritten Teil nach drei Gesichtspunkten: Der erste ist dominant literarisch und literaturdidaktisch, dabei spielen Epochengliederung, zeitgeschichtliche Einschnitte in der Literaturentwicklung sowie Aspekte von Weltliteratur und Schriftsteller eine Rolle. Der zweite Gesichtspunkt gilt der Sprache und ihren Funktionen und der dritte den Medien:

> Kontinente – Ausflüge in die moderne Weltliteratur
> Europäische Liebesszenen – von der Antike bis zur Moderne
> Wege in die Autonomie – Epochenumbruch 18./19. Jahrhundert
> Das Janusgesicht der Moderne – Epochenumbruch 19./20. Jahrhundert
> Spiegelungen – Deutsche Literatur seit 1945
> Christa Wolf – Eine Schriftstellerin in ihrer Zeit
> Reflexionen über Literatur
> Sprache und Beeinflussung
> Sprache und ihre Funktionen
> Vielfalt der Sprache(n)
> Medien: Erfahrungen und Reflexionen
> „Der Name der Rose" – Literaturverfilmung

Deutlich wird allein an der Benennung der Kapitel/Teilkapitel, dass es sich um ein Oberstufenlesebuch handelt, das auf literarische Bildung, Sprach- und Medienreflexion hin verfasst ist. Entsprechend sind die Texte ausgewählt und bewegen sich insgesamt auf einem literarisch und sprachlich ungleich höheren Niveau als Lesebücher für die Haupt- und Realschule. Als Vergleich sind die Themen aus zwei Lesebüchern, die für unterschiedliche Schulformen konzipiert sind, zusammengestellt. Da bei *Tandem* (R) die Kapitelüberschrift nicht direkt das Thema benennt, führt die folgende Liste die Themen der Sequenzen auf:

Themen in Lesebüchern für verschiedene Schulformen:

Hauptschule: *Magazin 7*	Realschule: *Tandem 7*	Gymnasium: *Seitenwechsel 7*
Sport Gegen Gewalt Afrika Wasserwelten Goethe Erfindungen/ Entdeckungen Liebe	Erwachsenwerden Freundschaften Abenteuer Berufe (Schauspieler) Planeten/Entdeckungen Höhlen/Einsamkeit Reisen	Ich bin, was ich bin … Fremdsein Luft und Wasser Gehört die Zeit mir? Leben im Mittelalter Erich Kästner

Die quantitative Verteilung der Einzelthemen auf die genannten übergeordneten Kategorien zeigt eine weitgehende Übereinstimmung zwischen den Lesebüchern: Dominant ist bei allen drei Lesebüchern das Hauptthema *Umwelt, Natur, Technik* vertreten, *Sprache/Kommunikation* ist thematisch nicht repräsentiert. Die anderen Einzelthemen verteilen sich auf die restlichen Hauptthemen. Wie sich dieses Bild bei einer systematischen Untersuchung der thematischen Struktur von Lesebüchern verändert, wäre eine lohnenswerte Aufgabe für Examensarbeiten und Lesebuchforschung.

2.3.6 Konstanz und Variation von Themen in der Entwicklung des Lesebuchs

Ein Vergleich in der Konstanz und dem Wechsel von Themen in Lesebüchern seit den 50er Jahren zeigt, dass der Typ des Gesinnungslesebuchs hochstehende Bildungsthemen, wie *Staat, Kultur, Ethik, Tragisches, Werte, Geschichte*, zugrunde legt (*Silberfracht*, 1952). Dagegen orientieren sich die Themen ab den 60er und 70er Jahren zunehmend an lebensweltlichen Erfahrungen und Interessen von Schülern. Zu den wiederkehrenden Themen gehören: *Abenteuer, Beruf/Arbeit, Jahreszeiten, Familie, Liebe, Freundschaft, Schule, Sport, Tiere.*

Was jeweils als ein neues Thema gilt, hängt vom Zeitausschnitt ab, auf den man sich bezieht, und von dem, was diesem Zeitsegment an typischen Themen vorausliegt. Als in den 70er Jahren neue Gattungen und Textsorten in Lesebüchern aufgenommen wurden, wie Trivialliteratur und Texte der Kinder- und Jugendliteratur, haben sich infolgedessen auch die Inhalte geändert, die zunehmend auf die Lebens- und Erfahrungswelt von Schülern Bezug nehmen. Aktuelle Themen zur Mehrsprachigkeitssituation in der BRD und Migrationsbewegungen tauchen erst in den 90er Jahren vereinzelt in Lesebüchern auf: Mehrsprachigkeit in *Facet-*

ten, Migration in *Leseland 9* und *Magagzin 8. Magazin 8* macht *Fremdheit* zum Thema und nimmt Autoren nicht-deutscher Muttersprache mit Migrationshintergrund auf. Ebenso ist *LEO* interkulturell ausgerichtet. Damit wird auf die Aktualität der Thematik in der BRD (Zuwanderung, kulturelle Vielfalt, Ausländerverfolgung, Ausgrenzung von sprachlich-kultureller Andersheit), auf die Vielsprachigkeit und -kulturalität in den Klassenräumen und auf die literarische Verarbeitung von Fremdheitserfahrungen im Kontext der Migrationsliteratur Bezug genommen. *Fremdes/Fremdheit* ist auch Thema in *Deutschbuch 8* und *Seitenwechsel 7, 8.* Erfahrungen in den Herkunftskulturen spiegeln Texte von Rafik Schami (Eine Hand voll Sterne) in *Tandem 7* (1995) und Eleni Tarossi in *Unterwegs 7* (1993). Das Thema *Vorurteile* wird behandelt in: *ansichten 10, Lesen Darstellen Begreifen A 9* (1993, 105), *Wort und Sinn 7* (2000).

Die folgende Tabelle zeigt, in welchen Lesebüchern eine Reihe prominenter Themen vorkommen. Auf Seite 134 gibt es zudem ein Arbeitsblatt für die Themenrecherche (A 3).

Index von Themen in Lesebüchern	
Abenteuer	*Hirschgraben-LB, Leseland, Seitenwechsel, Wege zum Lesen, Wort und Sinn*
Angst	*Leseland, Treffpunkte*
Arbeit/Berufe	*Hirschgraben-LB, Seitenwechsel, Treffpunkte, Unterwegs, Wege zum Lesen, wortstark*
Autos	*ansichten, Treffpunkte, Unterwegs*
Entdeckungen	*Lektüre, Leseland, Unterwegs*
Freizeit	*Hirschgraben-LB, Seitenwechsel, Wort und Sinn, Deutsch plus*
Fremde/ Fremdheit	*Deutschbuch, Magazin, Treffpunkte*
Ich/Identität	*Treffpunkte, Seitenwechsel*
Jahreszeiten	*Lektüre, Treffpunkte, Wort und Sinn*
Liebe/ Freundschaft	*Hirschgraben-LB, Treffpunkte, Unterwegs, wortstark, Seitenwechsel, Deutsch plus*
Natur	*Hirschgraben-LB, Lektüre, LesArt, Seitenwechsel, Treffpunkte, Unterwegs, Wort und Sinn*
Planeten	*Leseland, Unterwegs*
Reise	*Leseland, Seitenwechsel*
Schule	*Hirschgraben-LB, Leseland, Treffpunkte, Wort und Sinn*
Technik	*Seitenwechsel*
Tiere	*ansichten, Hirschgraben-LB, Leseland, LesArt, Seitenwechsel, Treffpunkte, Wort und Sinn*
Träume	*Leseland*
Vorurteile	*ansichten, Lesen Darstellen Begreifen, Wort und Sinn*

2.4 Gattungen

In der jüngeren Geschichte des Lesebuchs ist die Vermittlung von Kenntnissen über Gattungen, Aufbaugesetze literarischer Texte und ästhetische Strukturen unterschiedlich gewichtet worden. Entsprechend zieht sich eine Kontroverse um die Frage der formalen oder inhaltlich-thematischen Gliederung des Lesebuchs durch die literatur- und lesebuchdidaktische Diskussion. Das nach Gattungen aufgebaute literarische Arbeitsbuch hatte bereits Sach- und Gebrauchstexte aufgenommen. Die kritische Diskussion im Kontext der Kommunikativen Didaktik mit ihren erklärten Lernzielen von Emanzipation, Kritikfähigkeit, kritischer Lesefähigkeit erweiterte das Textsortenangebot und nahm verstärkt Kinder- und Jugendliteratur sowie Trivialtexte auf (Dahrendorf 1969; Kreft 1971; Merkelbach 1974). Zu den ersten Medientexten, die Eingang in Lesebücher fanden, gehörten Comics wie *Superman*, Cartoons und Werbetexte (*drucksachen* 1974). Hörtexte wurden zuerst in den 70er Jahren aufgenommen.

Zunächst zur Gattungsbestimmung: Die Zuordnung von Texten zu einer Gattung erfolgt nach gattungsspezifischen Merkmalen, die nicht immer eindeutig sind und sich im Laufe der Literaturgeschichte verändern. Die Hauptgattungen Lyrik, Epik und Dramatik untergliedern sich wiederum in Subgattungen, wie Elegie, Sonett, Novelle, Erzählung und Roman. Die Untergattungen umfassen wiederum Typen: Naturgedicht, Bildungsroman, bürgerliches Trauerspiel. Auf der unteren Stufe dieser Gattungsrangfolge steht der konkrete Text. Innerhalb der erzählenden Literatur kommen weitere Kriterien ins Spiel, wie Realitätsgehalt, Verortung in Raum und Zeit, Handlungsführung, Figurenensemble, Leitfiguren und ihre Funktion, um Genres voneinander zu unterscheiden: Science Fiction, Detektiv-, Abenteuer- oder Wildwestroman – um nur einige Beispiele zu nennen.

Der Textsorten- bzw. Textartenbegriff wird seit den 70er Jahren im Lesebuch verwendet, um die Bandbreite von schriftlich fixierten Texten mit unterschiedlichen Inhalten und Zwecken ordnen und systematisch erfassen zu können. Aufschluss über Gattungen und Textsorten geben das Inhaltsverzeichnis und ein Index im Anhang von Lesebüchern. Für die Analyse von Lesebüchern unter dem Aspekt ihrer Gattungs- und Textsortenwahl bieten sich folgende Prüffragen an:

Prüffragen zu Gattungen/Textsorten

1. Welche Gattungen/Textsorten kommen in einem Lesebuch vor?
2. Wie entwickelt sich das Gattungs-/Textsortenangebot von der 5. bis zur 9./10. Jahrgangsstufe eines Lesebuchs (Progression)?
3. In welcher Abfolge und Kombination treten sie innerhalb einzelner Sequenzen auf?
4. Wie differenziert sich das Gattungs-/Textsortenangebot für verschiedene Schultypen?
5. In welchem Zusammenhang steht das Gattungs-/Textsortenangebot mit den Zielen eines Lesebuchs?
6. In welchem quantitativen Verhältnis stehen literarische Texte, Sach- und Medientexte zueinander?

2.4.1 Vorkommen von Gattungen/Textsorten in einem Lesebuch

Die Vielfalt an Textsorten lässt sich in drei große Textbereiche untergliedern: literarische Texte, Sach- und Medientexte. Zu den literarischen Texten zählen: Anekdoten, Balladen, Briefe, Dramentexte, Erzählungen, Fabeln, Gedichte, Kalendergeschichten, Kurzgeschichten, Novellen, Romanauszüge sowie Texte aus der Volksliteratur: Märchen, Legende, Sage. Das Angebot bei den Sachtexten geht von der Beschreibung über den Bericht, das Interview und Porträt bis zu wissenschaftlichen, philosophischen und ästhetischen Schriften. Im Bereich der Medientexte werden Klappentexte, Comics, Bildgeschichten, Werbung, Filmszenen/-skripte, Zeitungsartikel unterschieden.

Eine Reihe von Lesebüchern haben eigene Werkstätten zu einer Gattung eingerichtet: *Unterwegs, Seitenwechsel, Doppel-Klick.* Die Werkstätten in *Seitenwechsel* (G) gliedern sich pro Band in eine Geschichten-, Gedichte- und Theaterwerkstatt. In Band 5/6 werden Schüler in die Gattung 'Märchen' und 'Fabel' eingeführt und sollen deren Grundstrukturen kennenlernen. In Band 7/8 sollen die 'Ballade' und 'Anekdote' erarbeitet werden. In Band 9/10 steht die Ganzschrift, insbesondere die Kriminalerzählung, und die Hinführung zum klassischen Theaterstück im Vordergrund.

Ein eigenes Medienmagazin, in dem pro Band jeweils ein spezifisches Medium mit den entsprechenden Textsorten fokussiert wird, enthalten: *Leseland, Facetten, Seitenwechsel, Wege zum Lesen* und *Lektüre* ab dem 7. Band.

Wort und Sinn (G), das thematisch strukturiert ist, bietet pro Band ein Lyrikkapitel zu einem bestimmten Thema wie *Tagesablauf und Jahreskreis* an und eigene Abschnitte zu den einzelnen Gattungen: Fabel und Sage (Bd. 6 und 7), Kunst-/Antimärchen (Bd. 7), Schwank, Satire, Novelle, Krimi, Kalendergeschichte, Parabel, Anekdote und Kurzgeschichte (Bd. 8). In mehreren Bänden sind Kapitel zu Jugendromanen eingerichtet.

Zur Veranschaulichung eine Liste mit Textsorten aus dem 7. Band verschiedener
Lesebücher:

Hirschgraben-LB (1990) **Fö, H, R**	*Treffpunkte* (1990) **Fö, H, R**	*LesArt* (1994) **Fö, M, R**
	Autobiographische Texte	Anekdoten
Aufrufe	Balladen/Erzählgedichte	Balladen
Balladen	Bildergeschichten/Comics	Berichte
Berichte	Briefe	Bildbeschreibungen
Beschreibung	Dialogische Texte/	Bildergeschichten
Bibelzitat	Theaterspielstücke	Erzählungen
Bild	Erzähltexte	Gedichte
Brief	Gedichte	Jugendliteratur
Klappentexte	Informationstexte/	Kurzgeschichten
Chronik	Sachtexte	Sachtexte
Erzählung	Interviews/Umfragen	Sagen
Fabel	Kalendergeschichten	Satire
Gedicht	Legenden und religiöse	Spieltexte
Gedicht-Übersetzung	Texte	Sprachspiele
Interview	Leseübungstexte	
Kalendergeschichte	Personenbeschreibungen	
Konkrete Poesie	Rätsel und Witze	
Lebensbericht – Lebensbild	Realistische Situations-	
Lehrgedicht	texte	
Lehrweisheit	Spieltexte	
Leserbrief	Tagebuchtexte	
Lied	Werbetexte	
Plakat	Zeitungsberichte	
Portrait		
Romanauszug		
Sachtext		
Sage		
Satire		
Schwank		
Spiel		
Spielanweisung		
Sprachspiel		
Sprichwörter – Spruch		
Tagebuch		
TV-Programmausschnitt		
Utopie		
Werbetext		
Witze		
Zeitungsbericht		

Entsprechend der Ausrichtung eines Lesebuchs auf ein literarisches Textangebot
sind Sach- und Medientexte in der Anzahl geringer (*LesArt*). Auffällig ist die
Bandbreite und teilweise Überdifferenzierung von Textsorten beim *Hirschgraben-Lesebuch*.

2.4.2 Progression von Gattungen/Textsorten

Einzelne Gattungen sind typischerweise bestimmten Jahrgangsstufen zugeordnet. Diese Abstufung erfolgt im Hinblick auf den Verständnishorizont von Schülern und spiegelt eine Progression in der Entwicklung literarischer Kompetenzen:

5./6. Klasse:	Märchen, Sage, Legende, Fabel, Schwank, Gedicht, KJL-Geschichten, Ballade
7./8. Klasse:	Kurzgeschichte, Kurzprosa, Anekdote, KJL-Romane und -Erzählungen, Lyrik, Balladen, Kalendergeschichte
9./10.Klasse:	dramatische Texte, Romane, Erzählungen, Kunstmärchen, Novellen, parabolische Texte

Kunstmärchen sind insgesamt selten in Lesebüchern vertreten. Einige Ausnahmen bilden die Kunstmärchen von Andersen, die bereits in Bd. 7 von *Lesezeichen* oder in *Deutsch* 5 aufgenommen sind. Auch die Novelle ist überwiegend der Oberstufe vorbehalten und der 8.-10. Jahrgangsstufe des Gymnasiums (*Deutsch* 8). Parabolische Texte von Brecht, Kafka, Walser kommen in den Bänden ab der 9./10. Jahrgangsstufe vor (z.B. in *Lesezeichen*).

Die literarischen Textsorten verteilen sich z.B. in *ansichten* (H, R 1991) so:

	Band 5	Band 6	Band 7	Band 8
1.	–	Ballade	Ballade	Ballade
2.	–	Beispielgesch.	–	Beispielgeschichte
3.	Bildgeschichte	–	–	–
4.	–	–	Detektivgesch.	–
5.	–	–	–	Dramatische Dichtung
6.	Erzählungen	Erzählungen	Erzählungen	Erzählungen
7.	–	–	Geschichten	–
8.	Fabeln	Fabeln	Fabeln	–
9.	Gedichte	Gedichte	Gedichte	Gedichte
10.	Kalendergesch.	–	Kalendergesch.	–
11.	Konkrete Poesie	Konkrete Poesie	–	Konkrete Poesie
12.	–	–	–	Kurzprosa
13.	–	–	–	Kunstmärchen
14.	–	–	–	Kurzgeschichten
15.	Märchen	Märchen	Märchen	–
16.	–	–	–	Novelle
17.	Phant. Geschichte	Phant. Geschichte	Phant. Geschichte	Phant. Geschichte
18.	Real. Kindergesch.	Real. Kindergesch.	–	–
19.	Roman	Roman	Roman	–
20.	–	Sage	Sage	–
21.	–	–	–	Satiren
22.	Schwänke	–	–	–
23.	Scherz/Rätsel	Scherz/Rätsel	–	Scherz/Sprachspiele
24.	–	–	–	Tagebuch

Bei *ansichten* liegt eine Zäsur zwischen der 7. und 8. Jahrgangsstufe insofern vor, als in Band 8 mehrere Gattungen erstmalig eingeführt werden, wie Kurzprosa, Kunstmärchen, Kurzgeschichte, Satire, Tagebuch, Novelle, Drama. Nach der 7. Jahrgangsstufe werden nicht mehr weitergeführt: Märchen, Fabeln, Kalendergeschichten, Roman, Sage.

2.4.3 Abfolge und Kombination in Sequenzen

Bei thematisch gegliederten Kapiteln werden literarische Texte kombiniert mit Sach- und Medientexten, um das Thema aufzuschließen. Beispielsweise enthält das Kapitel „Arbeit ist das halbe Leben" in *LEO* 8 (H, 2001) einen Hörspieltext von M. Scharang, einen Romanauszug von H. Hesse, einen Auszug aus einem Jugendbuch von D. Chidolue, drei Sachtexte, einen Kurzprosatext und ein Gedicht. Im Vergleich dazu enthält *Seitenwechsel* 8 (G, 1998) zum selben Thema fünf fiktionale Texte und sechs Sachtexte.

In *Lesebuch* 9/10 (1998), das sich ausschließlich als literarisches Lektüreangebot versteht, werden in der Sequenz zum „Drama" Auszüge aus der literarischen Tradition mit modernen Autoren kombiniert:

Shakespeare *Romeo und Julia*, Goethe *Faust*, Schiller *Die Räuber*, Kleist *Der zerbrochene Krug*, Nestroy *Die schlimmen Buben von der Schule*, Miller *Der Tod eines Handlungsreisenden*, Dürrenmatt *Die Physiker*.

2.4.4 Unterschiede nach Schulformen

Im Unterschied zu den zuvor genannten Lesebüchern unterscheidet sich das Oberstufenlesebuch *Facetten* durch ein klarer strukturiertes und reduziertes Angebot von Textsorten und durch Aufnahme philosophischer, wissenschaftlicher und poetologischer Texte.

Facetten

Textsorten:	Aphorismen	Interviews/Diskussion
	Autobiografische Texte	Lexikoneinträge
	Briefe	Philosophische Texte
	Essays	Poetologische Texte
	Gedichte	Politische Texte
	Erzählende Texte	Reden
	Szenische Texte	Religiöse Texte
	Werbetexte	Wissenschaftliche Texte/
	Zeitungstexte/Rezensionen	Sachtexte

Die erzählenden Texte sind untergliedert in: Romanauszüge, Auszüge aus Erzählungen, Novellen, kurze erzählende Texte und Parabeln. Vergleicht man z. B., welche Texte hier unter „Briefe" vereint sind, mit anderen Lesebüchern, so handelt es sich um anspruchsvolle, literarische Briefe von Schiller, Lessing, Büchner, Mann. Während „Briefe" in anderen Lesebüchern nicht unbedingt literarische Briefe meint, sondern Leser- und Schülerbriefe.

In Lesebüchern für die Haupt- und Gesamtschule kommen neben der Fabel, Sage, dem Märchen und Gedichten vorrangig Auszüge aus Jugendromanen und Kinder-Kurzgeschichten vor (*Doppel-Klick, LEO, Magazin*).

2.4.5 Zusammenhang zwischen Gattungen/Textsorten und Zielen

Die Orientierung an Gattungen/Textsorten bei der Textauswahl und Verfahrensweise der Texterschließung stehen in engem Zusammenhang mit den Zielen eines Lesebuchs, die wiederum auf die Lehrpläne der Bundesländer abgestimmt sind. Im Hessischen Rahmenplan Deutsch für die Sek. I (1995) steht der Gattungsbezug nicht im Vordergrund. Vielmehr wird von Verstehensvoraussetzungen von Schülern ausgegangen und die schrittweise Erweiterung einer vorhandenen Rezeptionskompetenz angestrebt. Nordrhein-Westfalen dagegen betont für den Sek. I-Bereich der Gesamtschule (1998) das Kennenlernen epischer, dramatischer und lyrischer Texte. Für die Oberstufe (G, GS) betont der Lehrplan von Nordrhein-Westfalen (1999) neben der thematischen und kulturellen Bedeutung den Gattungsbezug als Auswahlkriterium für literarische Texte. Berlin gewichtet für die gymnasiale Oberstufe (1995) sowohl den thematischen als auch den gattungsbezogenen Aspekt, wobei Epochenbezüge zu integrieren sind.

Typisch für gegenwärtige Lesebücher ist die Integration von themenorientierten, situativen mit textorientierten, strukturell ausgerichteten Ansätzen, wenn auch mit unterschiedlicher Gewichtung. Lesebücher, die sich primär als literarische Lesebücher verstehen, sind vorrangig für das Gymnasium konzipiert (*Deutsch, Lektüre, LesArt*). Viele Lesebücher für die verschiedenen Schulformen bieten in jedem Jahrgangsband ein Textsortenkapitel oder eine Gattungs-Werkstatt an (*Seitenwechsel, Wege zum Lesen, wortstark*). *LEO* betont in seiner Konzeptionsbeschreibung die Wichtigkeit, auch in der Hauptschule auf Gattungen hinzuführen, um eine Teilhabe am kulturellen Kanon und Selbstverständnis einer Kultur zu ermöglichen. Entsprechend überwiegen literarische Texte und wird ein breites Spektrum an Gattungen, das von der Fabel, Sage, Kurzgeschichte in Bd. 5, über die Kalendergeschichte, Märchen, Legende, Kurzgeschichte, Ballade, Anekdote in Bd. 6 und 7 bis zum Roman, Tagebuch und Lyrik in Bd. 8 reicht, angeboten.

Der hohe Anteil von Klappentexten in dem Sprach- und Lesebuch *Doppel-Klick* hängt mit dessen Akzentuierung von Leseförderung und Hinführung zum Buch zusammen (sich über ein Buch informieren, neugierig werden, eine Auswahl treffen).

Lesebücher, die explizit Lesefertigkeiten schulen und den besonderen Problemen von leseschwachen Schülern Rechnung tragen möchten, haben als eine eigene Textsorte „Leseübungstexte" integriert (*LEO, Treffpunkte*). Es handelt sich um konstruierte Texte zur Schulung von Buchstaben- und Worterfassen und Leseverständnis. Sie haben eine spezifische Lehr- und Lernfunktion und gehören insofern einer eigenen Textsorte an: den Lehr-/Lerntexten.

2.4.6 Quantitatives Verhältnis von Gattungen/Textsorten

In welchem quantitativen Verhältnis literarische Texte zu Sach- und Medientexten stehen, ist ein weiteres Merkmal, nach dem sich Lesebücher unterscheiden. Die Quantität bemisst sich zum einen nach der Anzahl der Texte, zum anderen nach dem Textumfang gemessen in Seiten. Die Textsorten verteilen sich bei *Unterwegs* folgendermaßen:

Unterwegs (1992)						
	Bd. 5	Bd. 6	Bd. 7	Bd. 8	Bd. 9	Bd. 10
Texte insgesamt	117	115	106	115	92	132
Lit. Texte	105	101	90	82	79	100
Sachtexte	6	9	7	22	11	21
Medientexte	6	5	9	11	2	11

Das Übergewicht an literarischen Texten ist typisch für Lesebücher, die in erster Linie ein literarisches Angebot darstellen. Eine Verschiebung zugunsten von Sach-/Medientexten findet bei integrierten Lesewerken wie *Deutschstunden* oder *Lesen Darstellen Begreifen* statt:

Lesen Darstellen Begreifen (1991)			
Band	Literarische Texte	Sachtexte	Medientexte
5	76	51	11
6	82	26	15
7	90	42	30
8	52	67	9
9	62	66	48
Wort und Sinn (1998)			
Band	Literarische Texte	Sachtexte	Medientexte
5	138	14	16
6	145	13	10
7	110	34	9
8	136	24	7

Nach der Anzahl der Texte betrachtet dominieren bei *Wort und Sinn* die literarischen Texte. Das Mengenverhältnis signalisiert damit die Zielrichtung „literarische Bildung" bzw. „Literaturaneignung". Auffällig ist der hohe Anteil an Lyrik, die ca. 1/3 der literarischen Texte pro Band ausmacht.

2.4.7 Kritische Anmerkung

Die Differenzierung nach Textsorten erfolgt in den Lesebüchern nicht nach einheitlichen Kriterien. Teilweise werden formale und inhaltliche Kriterien vermischt, es wird zu einer Gattung ernannt, was keine Gattung ist, oder einzelne Texte werden mehreren Textsorten zugeordnet. Insgesamt ist eine Überdifferenzierung zu beobachten, die die Systematik unscharf macht. Z. B. steht im *Hirschgraben Lesebuch* Band 7 (1990) unter „Textarten" Utopie. Utopie jedoch ist keine Textsorte/Gattung, sondern ein Entwurf von einem glücklichen, einheitlichen Zusammenleben in einer Gemeinschaft. Die beiden Texte, die unter Utopie subsumiert sind, handeln zwar von utopischen Zuständen, sind aber keine literarischen Texte, sondern eine Beschreibung und ein Zeitungsartikel aus dem *Stern*.

Im Band 5 des *Hirschgraben-Lesebuches* finden sich Zweifachzuordnungen zu Textformen: ein Zeitungsartikel aus einer Jugendzeitschrift über ein Indianermädchen steht einmal unter der Kategorie „Bericht/Lebensbericht" und zum anderen unter „Zeitungstext".

Viele Lesebücher stimmen in der Zuordnung einzelner Texte zu einer Gattung nicht überein. H. Bölls „Anekdote zur Senkung der Arbeitsmoral" wird in *Lesezeichen* 8 missverständlicherweise als Anekdote eingestuft, in anderen Lesebüchern korrekt als Kurzgeschichte. In *Wege zum Lesen* gilt sie als Satire. Im *Lesebuch* erfolgt eine Zweifachzuordnung zu Anekdote und Kurzgeschichte. I. Aichingers Text „Fenster-Theater" wird innerhalb der literaturwissenschaftlichen Forschung ebenfalls der Kurzgeschichte zugeordnet, während sie in *Wege zum Lesen* als Parodie eingestuft wird.

Auch die Neben- und Unterordnung von Gattungen/Textsorten ist unstimmig. In *LEO* gibt es im Textartenverzeichnis einmal die Rubrik „Sachtexte", zum anderen „Betrachtungen" und „Schilderungen". Diese Nebenordnung entspricht nicht der angemessenen Textsortendifferenzierung. Danach wäre „Sachtext" der Oberbegriff, unter den wiederum die untergeordneten Kategorien „Betrachtung" und „Schilderung" subsumiert werden müssten.

In *Facetten* werden unter dem Oberbegriff „Szenische Texte" Texte zusammengefasst, die eigentlich unterschiedlichen Gattungen/Textsorten angehören, so dass szenische Texte offensichtlich nicht nur dramatische Texte umfassen, sondern allgemein Texte, die dialogische Szenen gestalten und dieses in unterschiedlichen Medien. Vereint werden sowohl Auszüge aus Dramentexten wie Lessings „Emilia Galotti" oder Büchners „Dantons Tod" als auch ein Hörspiel von Dieter

Kühn und der Kurzprosatext „Auftritt" von R. Lettau. Hier wäre eine Untergliederung nach Dramentexten, Hörspielen und Kurzprosa vorzuziehen, statt diese
verschiedenen Genres unter szenischen Texten zu subsumieren.

Abschließend ist festzuhalten, dass die Auswahl, Menge, Schwerpunktsetzung
und Anordnung von Gattungen/Textsorten die Funktion haben, in die Literatur
einzuführen, vertraut zu machen mit den wichtigsten Gattungen, Typen und
Textsorten, heranzuführen an die Formenvielfalt von Literatur, dem Entstehen
von Gattungen und ihren historischen Veränderungen und Varianten. Ob die
ausgewählten Texte dafür geeignet sind, bleibt im einzelnen zu prüfen, ebenso
muss die Methodik (Arbeitsformen, -techniken, Aufgaben) in Verbindung mit
dem Gattungs-/Textsortenaspekt untersucht werden, um zu prüfen, wie Gattungen erschlossen werden, wie Formenbewusstsein erzeugt wird, wie explizit oder
implizit mit Gattungswissen gearbeitet wird, ob Gattungs-/Textsortenwissen für
die thematische Erschließung und Interpretation von Texten sowie für die Textproduktion genutzt wird oder nicht. Hier schließen sich eine Reihe von weiteren
Fragen an, die in Verbindung mit der Textauswahl und Methodik zu klären sind
(s. Kap. 2.5 und 2.6):

> **Weiterführende Fragen**
>
> 1. Wie repräsentativ sind die Texte für eine Gattung/
>   Textsorte?
> 2. Werden auch Varianten einer Gattung vermittelt?
> 3. Wie werden Gattungsmerkmale, -regeln, Textsorten-
>   spezifika methodisch erschlossen?
> 4. Bleibt Gattungswissen implizit oder wird es explizit
>   gemacht?
> 5. Durch welche Arbeitsformen/Aufgaben werden
>   Gattungsregeln und Textsortenmerkmale erarbeitet?

Die Untersuchung von Gattungen/Textsorten in Lesebüchern gibt Einblick in
Ziele und Intentionen von Lesebüchern und das zugrunde liegende Modell einer
literarischen Bildung und Erziehung. Durch eine repräsentative Auswahl von
Gattungen/Textsorten werden Schüler eingeführt in die Bandbreite literarischer
Welten und Wirklichkeiten und die Formenvielfalt von Literatur. Sie spiegeln,
wie Gattungswissen, Textsorten- und Erschließungskompetenzen in einem Lesebuch aufgebaut werden und welchen Stellenwert Gattungskenntnisse als Teil
einer literarischen Kompetenz haben.

2.5 Texte/Kanon

Lesebücher repräsentieren in ihrer Auswahl und Zusammenstellung von Texten einen Kanon und tragen ihrerseits neben Leselisten, Lehrplänen und Richtlinien zur Kanonisierung von Texten und Autoren bei. Ein Kanon ist eine Auswahl von Autoren und Werken bzw. Texten, die durch Selektion gegenüber anderen hervorgehoben sind und ein Wert- und Normensystem repräsentieren. Ein Kanon ändert sich historisch und stellt insofern ein offenes System dar. An der Geschichte des Lesebuchs lässt sich ein solcher Wandel rekonstruieren. Es gibt Autoren und Texte, die kontinuierlich in Lesebüchern präsent sind und einen Kernkanon bilden. Dazu gehören die tradierten Klassiker Goethe, Schiller und Kleist, die Novellisten des 19. Jahrhunderts Storm und Keller, aber auch J. P. Hebel, der im 19. Jahrhundert zum Schulbuchklassiker avancierte und mit unterschiedlichen Texten in Lesebüchern vertreten ist. Moderne Klassiker sind B. Brecht und F. Kafka. Daneben existieren eine Reihe von Autoren und Werken, die randständig sind und nur vorübergehend zum Kanon gehören, um dann allmählich oder plötzlich zu verschwinden. Einige treten zu späteren Zeitpunkten wieder hervor, andere werden vergessen. Zu den fluktuierenden Autoren, die eine zeitlang präsent sind, dann aus dem Blickfeld geraten und in späteren Lesebuchgenerationen wieder vorkommen, gehören: J. P. Eckermann, E. Jünger, H. Hesse, F. Hebbel, C. Zuckmayer, R. Walser, Hoffmann v. Fallersleben, A. Gryphius, L. Bechstein, R. Musil. Autoren wie K. H. Waggerl, H. Löns, R. Huch, A. Miegel kommen in den älteren Lesebüchern *Die Silberfracht* (1952) und *Lebensgut* (1967/68), jedoch nicht in aktuellen Lesebüchern vor.

Die Zusammenstellung von Texten in Lesebüchern richtet sich nach den Vorgaben der Lehrpläne, der Schulform und dem jeweiligen Bildungsniveau der Altersgruppe, für das ein Lesebuch verfasst ist. Die Textauswahl für einen 12-jährigen Hauptschüler unterscheidet sich von dem des gleichaltrigen Gymnasiasten und innerhalb einer Schulform differenziert sich die Selektion nach der Jahrgangsstufe. Lernziele und Inhalte, wie sie in den Lehrplänen der einzelnen Bundesländer vorgegeben sind, steuern die Textauswahl ebenso wie die zugrunde liegende literaturdidaktische Position: Was wird unter literarischer Bildung verstanden?

Benutzer von Lesebüchern können sich aus folgender Perspektive der Kanonfrage nähern:

Prüffragen zum Textkanon
1. Nach welchen Kriterien erfolgt die Auswahl von Texten?
2. Welche Autoren und Texte werden ausgewählt?
3. Zu welcher Gattung/Textsorte gehören die Texte?
4. Welchen Epochen lassen sich die Texte zuordnen?
5. Wie sind Textsequenzen aufgebaut?

2.5.1 Auswahlkriterien für literarische Texte

Der Selektion von Texten/Werken und Autoren für eine Lesebuchreihe liegen Norm- und Wertentscheidungen zugrunde über die Qualität von Autoren/Werken, die Mustergültigkeit für eine Gattung, die Repräsentativität für eine Epoche und Kultur und Geeignetheit für literarische Bildungsprozesse. Tradition – Moderne, Weltliteratur - Nationalliteratur und hohe vs. Gebrauchs-/Unterhaltungsliteratur sind die Alternativen. Im Kontext der Konzeption von Lesebüchern kommt als weitere Wahlmöglichkeit die von Kinder- und Jugendliteratur versus Erwachsenenliteratur hinzu.

Ein Kanon hat durch die Repräsentanz von anerkannten Werken und Autoren eine das kulturelle Selbstverständnis sichernde und identitätsstiftende Funktion. Bei der Selektion von Texten und Autoren als Schullektüre kommen didaktische Entscheidungskriterien und die Orientierung am Schüler ins Spiel (Müller-Michaels 1980). Selektionsprozesse müssen die Zeit für die Lektüre und Lernprozesse sowie den Raum, der innerhalb eines Lesebuchs für einen Text zur Verfügung steht, berücksichtigen. Die kleinen, in sich geschlossenen Textformen sind besonders beliebt und häufig in Lesebüchern vertreten: Gedichte, Fabeln, Anekdoten, Kurzgeschichten, Kurzprosa, kleinere Erzählungen. Die Großformen, wie Roman oder längere Erzählungen, können nur in Auszügen aufgenommen werden, was in der Geschichte des Lesebuchs wiederholt bemängelt wurde, u. a. in der Kunsterziehungsbewegung Anfang des 20. Jahrhunderts.

In didaktischer Perspektive sind vier Entscheidungsfelder von Bedeutung, die kanonbildend wirken. Erstens: Die allgemeinen Bildungsziele, wie Traditionsvermittlung und Erzeugung von Wertebewusstsein, die mit Hilfe von Literatur angestrebt werden. Zweitens: die Lernziele. Literatur ist ein Medium der Fremderfahrung, der Begegnung und Auseinandersetzung mit Wirklichkeit und ihren Bildern, Imaginationen und Chiffren. Über Literatur lässt sich das Verstehen von Texten schulen und Zugang zu den in den Texten enthaltenen Werten und Weltbildern öffnen. Literatur erfüllt drittens eine sozialisatorische Funktion, indem sie als Medium für Ich-Entwicklung und Selbstfindung fungiert. Im Hinblick auf die anvisierte Zielgruppe muss viertens geprüft werden, wie weit Texte Schülern einen Einstieg ermöglichen, um sich einen Text und seine Strukturen anzueignen (Verstehenshorizont).

Je nach Schulform, Jahrgangsstufe und zugrunde liegendem Literaturbegriff erhalten diese Entscheidungsfelder eine unterschiedliche Gewichtung. So dominieren in Lesebänden für die Oberstufe literarische Bildungsziele gegenüber sozialisatorischen Aspekten, die wiederum stärker in den Jahrgangsbänden 5–8 akzentuiert werden. Kriterien der Schülerorientierung und Berücksichtigung ihres Erfahrungs- und Interessenhorizontes mit dem Ziel, Prozesse der Ich-Entwicklung aufzubauen, sind deutlich an den vielen Texten der KJL in Lesebüchern für die Jahrgangsstufen 5–10 ablesbar: Problemorientierten Texten von P. Härtling, C. Nöstlinger oder M. Steenfatt stehen das Imaginative ansprechende Auszüge der phantastischen Literatur gegenüber (M. Ende, M. Lobe, O. Preussler). Das Oberstufenlesebuch *Facetten* folgt literarischen Bildungszielen. Diese werden ebenfalls in den Bänden 5–10 der Lesebücher *Deutsch. Texte – Literatur – Medien* und *Lektüre* für das Gymnasium betont.

Viele Autoren sind mit Primärliteratur kaum in gegenwärtigen Lesebüchern vertreten. Dazu gehören: J. Paul, A. Stifter, E. T. A. Hoffmann, C. M. Wieland, W. Raabe, Novalis, U. Johnson, G. Grass, A. Schmidt, C. Ransmayr. Die Gründe liegen vermutlich weniger in normativen Entscheidungen als in den Zwängen und Beschränkungen, denen das Lesebuch als Medium unterliegt: Bestimmte Kontexte, die für das Verständnis von Texten notwendig sind, lassen sich über das Lesebuch schwer einholen und einige Texte sind nicht geeignet, um anhand eines Auszugs relevante inhaltliche und formale Strukturen zu verdeutlichen.

Der Kanonbegriff hat sich in den vergangenen Jahren dahingehend gewandelt, dass er auch methodisches Wissen umfasst. Da sich bestimmte Prozesse im Umgang mit Literatur nicht von alleine einstellen, bedarf es der methodischen Lenkung und Unterweisung, um vielfältige Auseinandersetzungen mit einem Text anzuregen und die Aneignung literarischer Strukturen zu ermöglichen sowie entsprechende Interpretationskompetenzen zu vermitteln. Unter Kanon wird daher nicht nur Kanonwissen (welche Texte und Autoren gehören zum Kanon), sondern auch Interpretations- und Methodenwissen im Umgang mit Literatur verstanden. Ergänzend zu einem Text kommen Verfahren ins Spiel, um Lese- und Interpretationskompetenzen aufzubauen.

2.5.2 Textauswahl/-kanon in Lesebüchern

Je nach Gliederungsprinzip von Lesebüchern werden Texte nach thematisch-inhaltlichen, formalen oder methodischen Gesichtspunkten zusammengestellt. In den Lesebüchern, die gegenwärtig auf dem Markt angeboten werden, besteht eine große Diversifikation von Textangeboten. Für eine genauere Betrachtung des Textkanons empfiehlt sich eine Differenzierung nach Schulformen und Jahrgangsstufen.

In den Bänden für die Sek. I dominieren Texte der <u>Kinder- und Jugendliteratur</u> mit den Autoren: P. Maar, R. Welsh, P. Härtling, M. Ende, G. Pausewang, E. Kästner, W. Schnurre, I. Brender, I. Korschunow, J. Krüss, U. Wölfel, H.

Manz, J. Guggenmoos, M. Steenfatt, A. Lindgren, M. Lobe, H. Hornschuh, O. Preußler, A. Ladiges, L. Ossowski, W. Fährmann, O.F. Lang, L. Tetzner, R. Schami.

Regelmäßig finden sich in den Lesebüchern Auszüge aus Romanen der Kinderbuchklassiker: M. Twain: *Tom Sawyer*; D. Defoe: *Robinson Crusoe*; J. Verne*: In 80 Tagen um die Welt*; H. Melville: *Moby Dick*; R. Kipling: *Das Dschungelbuch*; M. Ende: *Momo/Unendliche Geschichte*; E. Kästner: *Pünktchen und Anton*. Am vielfältigsten ist der literarische Kanon im Bereich der Lyrik. Die Bandbreite reicht von der traditionellen Lyrik eines Goethe und Eichendorff über Uhland, Mörike, Storm, Holz bis zur Moderne: van Hoddis, Rilke, Trakl, Fried, Ausländer, Kirsch u. a. m.

Die unterschiedliche Kanonbildung bei Lesebüchern wird besonders deutlich, wenn Lesebücher für die verschiedenen Schulformen miteinander verglichen werden. Abgesehen von Lyrik und Kinder-/Jugendliteratur kommen folgende Autoren und Texte in den Lesebüchern für die Sek. I vor:

Hirschgraben-LB 5–9 Alle Schulf. 1990 ff.	S. Lenz: : So war es mit dem Zirkus; So leicht fängt man keine Katze; Eine Liebesgeschichte H. Bender: Iljas Tauben E. Saint-Exupéry: Nachtflug; Der kleine Prinz J. P. Hebel: Seltsamer Spazierritt E. Kästner: Die Konferenz der Tiere Äsop: Fabeln H. Malecha: Die Probe W. Borchert: Im Jahre 5000 R. Kunze: Fünfzehn W. Schnurre: Edelmut bescheidet sich J. Thurber: Die Kaninchen, die an allem schuld waren K. Tucholsky: Herr Wendriner erzieht seine Kinder
Leseland 6–10 G und R 1990 ff.	B. Brecht: Kaukasischer Kreidekreis; Die unwürdige Greisin P. Bichsel: San Salvador H. Böll: Anekdote zur Senkung der Arbeitsmoral; Die Waage der Baleks; Es wird etwas geschehen; Wie in schlechten Romanen I. Aichinger: Fenster-Theater M. Frisch: Burleske; Der andorranische Jude; Ein kleiner Zwischenfall E. Hemingway: Das Ende von etwas; Drei Schüsse W. Borchert: Nachts schlafen die Ratten doch E. Langgässer: Untergetaucht F. Kafka: Auf der Galerie; Steuermann

	M. Kaschnitz: Popp und Mingel; Zum Geburtstag; Lange Schatten; Ein ruhiges Haus A. Seghers: Schilfrohr F. Schiller: Katharina v. Schwarzburg
Deutsch Sek. I, Bd. 10, G 1999	H. Hesse: Unterm Rad I. Schulze: Simple Storys S. Nadolny: Ein Gespräch zwischen A und A L. Tolstoi: Wieviel Erde braucht der Mensch G. Meyrink: Tausendfüssler K. P. Moritz: Anton Reiser F. Kafka: Gleichnis A. Zweig: Der große Krieg der weißen Männer W. Borchert: Die Kirschen C. Wolf: Blickwechsel · J. Becker: Das Buch vom Hören T. Bernhard: Der Stimmenimitator G. Kunert: Idole H. Mann: Der Untertan J. Steinbeck: Früchte des Zorns J. W. Goethe: Faust I H. Kleist: Der zerbrochene Krug C. Hain: Die Ritter der Tafelrunde B. Brecht: Dreigroschenoper A. Seghers: Das siebente Kreuz E. Strittmatter: Lesungen im Suhl.

Während in den Bänden 5 bis 9 des *Hirschgraben-Lesebuchs* insgesamt 11 und 6 bis 10 von *Leseland* 23 literarische Texte stehen, enthält allein der 10. Band von *Deutsch. Texte – Literatur – Medien* insgesamt 21 Texte. *Deutsch* bietet das breitere Spektrum an Literatur, in dem sowohl Gegenwartsautoren, wie S. Nadolny, T. Bernhard und I. Schulze, repräsentiert sind als auch die Tradition (Kleist, Goethe, Moritz).

Das Lesebuch für die Oberstufe *Facetten* ist ein gutes Beispiel für ein ausgewogenes Verhältnis von Tradition und Moderne einerseits und Weltliteratur und Nationalliteratur andererseits. Es finden sich Texte von Aristophanes, Shakespeare, Gryphius, Goethe, Kleist, Büchner neben modernen Autoren: Brecht, Müller, Wolf, Celan, Eich, Mann, Weiss oder Heissenbüttel. Ältere wie zeitgenössische Schriftsteller aus dem japanischen, portugiesischen, angelsächsischen und kolumbianischen Kulturraum sind ebenfalls vertreten: Murakami, Antunes, Poe, Márquez.

2.5.3 Gattungs-/Textsortenzugehörigkeit von Texten

Typisch für den Aufbau einer Lesewerkreihe ist die Zuordnung von bestimmten Gattungen zu Alters-/Jahrgangsstufen. In den Bänden für die Jahrgangsstufen 5–8 finden sich noch Märchen, Legenden und Sagen. Vorherrschend sind insgesamt in den Bänden 6–10 die Anekdote, Fabel, Kurzgeschichte, Kalendergeschichte und Ballade. Sie tauchen in Lesebänden für die Sekundarstufe II nicht mehr auf. Diese Abstufung von Gattungen nach bestimmten Jahrgangsbänden steuert die Selektion von Autoren und Texten. In den Bänden für die 6. bis 8. Jahrgangsklasse kommen die Klassiker Goethe und Schiller überwiegend mit Balladen und Gedichten vor. Erst ab der 9./10. Klasse sind sie mit theoretischen Schriften und Auszügen aus Dramen und Romanen vertreten, wie *Maria Stuart*, *Die Räuber*, *Faust*, *Die Wanderjahre* und *Werther*. Lessing ist im Sek. I-Bereich durch Fabeln repräsentiert, auf der Oberstufe dagegen mit ästhetischen Schriften. Im übrigen gibt es kaum ein Lesewerk, das nicht J. P. Hebel aufgenommen hat!

Zur Veranschaulichung wird im Folgenden aufgelistet, welche Texte zur Kurzgeschichte und Ballade gegenwärtige Lesewerke enthalten:

Kurzgeschichten

Unterwegs (1992)	8	I. Aichinger: Fenster-Theater E. Hemingway: Alter Mann an der Brücke W. Borchert: Nachts schlafen die Ratten doch
Lesebuch (1998)	10	I. Aichinger: Wo ich wohne W. Hildesheimer: Eine größere Anschaffung
ansichten (1995)	8	S. Lenz: Die Nacht im Hotel J. Reding: Fahrerflucht S. Dagermann: Ein Kind töten
Seitenwechsel (1998)	8	W. Borchert: Nachts schlafen die Ratten doch
Wege zum Lesen (1989) (1989) (1990)	7 8 9	W. Schnurre: Verrat H. Böll: Anekdote zur Senkung der Arbeitsmoral W. Borchert: Das Brot I. Aichinger: Fenster-Theater E. Hemingway: Alter Mann an der Brücke
Wort und Sinn (2000) (2000)	7 8	W. Borchert: Nachts schlafen die Ratten doch B. Brecht: Der hilflose Knabe E. Hemingway: Makkaronis S. Andres: Trockendock H. Malecha: Die Probe G. Kunert: Der Verschlag

Lesezeichen 6–10 (1996)	E. Hemingway: Drei Schüsse; Das Ende von etwas H. Böll: Die Waage der Baleks; Anekdote zur Senkung der Arbeitsmoral; Wie in schlechten Romanen A. Tschechow: Die Nacht auf dem Friedhof W. Borchert: Nachts schlafen die Ratten doch I. Aichinger: Die Silbermünze; Das Fenster-Theater L. Rinser: Die rote Katze G. Weisenborn: Zwei Männer G. Kunert: Die Taucher S. Andres: Das Trockendock H. Malecha: Die Probe E. Langgässer: Untergetaucht M. Kaschnitz: Lange Schatten W. Hildesheimer: Der hellgraue Frühjahrsmantel
Hirschgraben-LB *(5–9)*	H. Malecha: Die Probe H. Bender: Iljas Tauben

Kurzgeschichten von Aichinger, Borchert und Hemingway tauchen besonders häufig auf, während sie von anderen Autoren, wie Brecht, Kunert, Langgässer, Reding, Schnurre, Kaschnitz und Lenz, nur vereinzelt in Lesebüchern der 90er Jahre vorkommen.

In *LEO* finden sich zum einen bekannte Kurzgeschichten wie Bölls *Anekdote zur Senkung der Arbeitsmoral*, zum anderen Kurzgeschichten und Erzählungen aus der KJL (S. Kilian, M. Steenfatt, I. Korschunow, I. Brender u. a. m.).

LEO (5–8) (2000)	S. Kilian: Der Brief J. Richter: Die Schatzsucherin I. Wendt: Die Wut U. Wölfel: Pfeifkonzert W. Fährmann: Der Spaghettifresser P. Härtling: Der gelbe Junge Janosch: Die Bärenweihnacht E. Jünger: Der Löwe H. Böll: Anekdote zur Senkung der Arbeitsmoral F. de Cesco: Spaghetti für zwei H. Bender. Iljas Tauben K. Recheis: Die Nacht der toten Soldaten E. Hemingway: Drei Schüsse W. Schnurre: Vergeudeter Mut H. Böll: Die Waage der Baleks

Auch bei der Ballade haben bestimmte Autoren eine Prominenz. Die Balladen von Goethe „Der Fischer", „Erlkönig", von Schiller „Der Handschuh", von Fontane „Die Brücke am Tay" und „Herr von Ribbeck", von Heine „Belsazar", von Droste-Hülshoff „Der Knabe im Moor" und Brechts „Der Schneider von Ulm" haben bereits Klassiker-Status erreicht und kommen regelmäßig in Lesebüchern vor.

Balladen

Unterwegs (1992)	8	W. Biermann: Die Ballade von dem Briefträger William L. Moore C. Meyer: Die Füße im Feuer B. Brecht: Der Schneider von Ulm
ansichten (1995)	8	J. W. v. Goethe: Der Fischer C. Brentano: Lore Lay H. Heine: Ich weiß nicht, was soll es bedeuten A. v. Droste-Hülshoff: Der Knabe im Moor J. W. v. Goethe: Der König in Thule
ansichten (1995)	7s	B. Brecht: Der Schneider von Ulm T. Fontane: Die Brücke am Tay
(1994)	6s	T. Fontane: Herr von Ribbeck auf Ribbeck im Havelland D. v. Liliencron: Trutz, Blanke Hans F. Schiller: Odysseus
Seitenwechsel (1998)	8	T. Fontane: Die Brücke am Tay
Wege zum Lesen (1988)	5	P. Hacks: Ballade vom schweren Leben des Ritters Kauz von Rabensee T. Fontane: Herr von Ribbeck auf Ribbeck im Havelland A. v. Chamisso: Der rechte Barbier
(1989)	8	A. v. Droste-Hülshoff: Der Knabe im Moor J. W. v. Goethe: Erlkönig F. Schiller: Der Handschuh
(1990)	9	J. W. v. Goethe: Der Totentanz C. F. Meyer: Die Füße im Feuer T. Kramer: Wer läutet draußen an der Tür H. Heine: Die schlesischen Weber
(1991)	10	B. Brecht: Der Schneider von Ulm J. W. v. Goethe: Der Zauberlehrling T. Fontane: John Maynard F. Graßhoff: Kleine Banditen-Ballade
Wort und Sinn (1998)	5	T. Fontane: Herr von Ribbeck auf Ribbeck im Havelland

(1998)	6	B. Brecht: Der Schneider von Ulm
(2000)	7	T. Fontane: John Maynard F. Schiller: Die Bürgschaft E. Mörike: Die traurige Krönung J. W. v. Goethe: Der Totentanz
(2000)	8	T. Fontane: Die Brücke am Tay F. Schiller: Der Ring des Polykrates J. W. v. Goethe: Erlkönig H. Heine: Belsazar W. Biermann: Die Ballade von dem Briefträger William L. Moore
Hirschgraben-LB (1993)	6	T. Fontane: Herr von Ribbeck auf Ribbeck im Havelland
(1990)	8	F. Schiller: Die Bürgschaft T. Fontane: Die Brücke am Tay
Lesezeichen (1996)	6	B. Brecht: Der Schneider von Ulm
(1997)	7	J. W. v. Goethe: Der Zauberlehrling; Johanna Sebus F. Schiller: Die Bürgschaft H. Heine: Belsazar T. Fontane: John Maynard B. Brecht: Kohlen für Mike W. Biermann: Die Ballade von dem Briefträger William L. Moore F. Fühmann: Lob des Ungehorsams
(1997)	8	A. v. Droste-Hülshoff: Die Vergeltung C. F. Meyer: Die Füße im Feuer F. Schiller: Der Handschuh
LEO (2001)	7	C. Morgenstern: Der Schnupfen J. Ringelnatz: Der Bumerang E. Roth: Das Sprungbrett J. W. v. Goethe: Der Zauberlehrling E. Mörike: Der Feuerreiter T. Fontane: Die Brücke am Tay
(2001)	8	Funtasia: Rap gegen das Rumhängen M. el Hajaj: Die Deutschen; Su Almanlar E. Roth: Gezeiten der Liebe C. Morgenstern: Der Seufzer J. Ringelnatz: Ein männlicher Briefmark F. Schiller: Der Handschuh J. W. v. Goethe: Johanna Sebus T. Fontane: John Maynard

Goethe, Schiller, Fontane und Brecht finden sich in allen Lesebüchern seit Beginn der 90er Jahre; vereinzelt kommen Droste-Hülshoff, Heine, Biermann, Liliencron und Mörike vor. Wie schon zuvor erwähnt, ist J. P. Hebel der Repräsentant der Kalendergeschichte und kommt in fast allen aktuellen Lesewerken vor. Neu ist in *LEO* die Aufnahme von Balladen aus anderen Kulturen und der RAP-Szene.

2.5.4 Epochen-/Zeitzugehörigkeit von Texten

Die historische Zugehörigkeit von Texten lässt sich an der Verteilung von Gattungen ablesen. Die älteren Gattungen, wie die Fabel, bieten Exemplare aus dem 18. Jahrhundert (Lessing), der griechischen und römischen Antike (Äsop, Phädrus) und bisweilen aus dem 20. Jahrhundert von Brecht. Bei der Ballade dominieren die des 18. und 19. Jahrhunderts gegenüber modernen Balladen von Brecht oder Biermann. Vertreter der KJL finden sich in den Lesebuchbänden für die Sek. I, jedoch nicht in den Oberstufenlesewerken, und stammen durchgehend aus dem 20. Jahrhundert. Vorherrschend sind die Kinderbuchklassiker, wie E. Kästner und A. Lindgren (30er/40er Jahre) und KJL-Autoren aus den 70er Jahren. Die Lyrik ist insgesamt breit vertreten und stellt exemplarisch Gedichte der Klassik, Romantik, des Naturalismus, des Expressionismus und der Moderne nach 1945 vor (Alltagslyrik, Konkrete Poesie, politische Lyrik).

In den Lesebüchern für die Sekundarstufe I von Haupt-, Real- und Gesamtschule stammt der Hauptteil der erzählenden und dramatischen Literatur aus dem 20. Jahrhundert, abgesehen von den Kinderbuchklassikern wie M. Twain, D. Defoe, J. Verne. Nur wenige Texte sind aus dem 18. und 19. Jahrhundert (*Wilhelm Tell, Pole Poppenspäler, Aus dem Leben eines Taugenichts, Kleider machen Leute*). Der Traditionsbezug ist offensichtlich nicht das primäre Selektionskriterium, eher die Aktualität und Nähe zu Erfahrungswelten von Jugendlichen und ihren Interessen.

Die Lyrik bietet ein anderes Bild. Hier wird das breite Spektrum von traditioneller bis zur modernen Lyrik vermittelt, einschließlich der verschiedenen Genres, die unter „Kinderlyrik" zu subsumieren sind. Es kommen Gedichte aus dem 17./18./19. Jahrhundert vor von:

A. Gryphius, J. W. v. Goethe, F. Schiller, L. Uhland, A. Holz, A. v. Droste-Hülshoff, K. v. Günderode, H. Heine, M. Wehrli, E. Mörike, M. Claudius, J. v. Eichendorff, T. Storm, T. Fontane, C. F. Meyer, D. Hölty, C. F. Gellert.

Aus dem 20. Jahrh.: E. Fried, J. Ringelnatz, R. O. Wiemer, E. Borchers, G. Eich, S. Kirsch, G. Heym, H. Hesse, B. Brecht, I. Bachmann, R. M. Rilke, K. Krolow, R. Kunze, E. Kästner, V. Braun, E. Lasker-Schüler, K. Tucholsky, E. Gomringer, E. Jandl, H. Ball, W. Biermann, D. Liliencron, R. Ausländer, S. George, G. Britting, H. Domin, U. Hahn, W. Wondratschek, U. Krechel, R. D. Brinkmann, N. Born, H. M. Enzensberger, P. Neruda, P. Celan, G. Trakl, H. v. Hofmannsthal.

2.5.5 Aufbau von Textsequenzen

Wie Texte in einem Lesebuch angeordnet werden und in welcher Nachbarschaft zu anderen Texten sie stehen, richtet sich nach der zugrunde liegenden Konzeption von Lesebüchern. Für eine genauere Betrachtung empfiehlt es sich, Text-, Themen- und methodisch aufgebaute Sequenzen mit vielen Aufgaben und Arbeitsanregungen voneinander zu unterscheiden.

Exemplarisch sei die Sequenzierung an *Facetten* betrachtet, in dem ein Kapitel der Einführung in die fiktionale Welt am Beispiel von U. Ecos „Der Name der Rose" dient. Erarbeitet werden sollen der Aufbau der fiktionalen Welt und Fiktionalitätssignale sowie die Erzeugung von Lesererwartungen. Auf den Romanbeginn folgen Auszüge aus der Nachschrift zum Roman mit weiteren Aufgabenstellungen zur Genreeingrenzung und möglichen Fortführung der Handlung.

Im nächsten Abschnitt geht es um erzählende Texte von Kafka, Poe, Márquez, Hoffmann und Kleist, an denen strukturelle Merkmale, wie Erzählbeginn, Perspektive, Person, Handlung, Zeit und Ort herausgearbeitet werden sollen. Daran schließen sich ein Text von H. C. Artmann, an dem eine individuelle Lesart gewonnen werden soll, und ein Text von J. P. Sartre über das Lesen an. Die Texte sind nach ihren strukturellen Unterschieden im Aufbau einer fiktionalen Welt zusammengestellt worden, wobei sich Texte traditionellen Erzählens versus modernen Erzählens gegenüberstehen, Epochen markiert werden (E. T. A. Hoffmann) und der Leser durch Poe und Márquez in kulturell andere Welten des angelsächsischen und kolumbianischen Raumes geführt wird.

Im mittleren Teil von *Facetten* „Texte und Themen" findet sich eine große Bandbreite an literarischen Texten. Einmal wird eine Auswahl an Werken der Weltliteratur vorgestellt, die alle aus diesem Jahrhundert stammen und den süd-/mittelamerikanischen, asiatischen, indischen, persischen wie europäischen Raum umfassen: I. Allende, T. B. Jelloun, Don DeLillo, M. Duras, N. Farah, G. G. Márquez, I. Kertész, A. L. Antunes, M. de Moor, T. Morrison, H. Murakami, T. Pynchon und S. Rushdie. Der Aspekt Tradition-Moderne wird in einem zweiten Unterkapitel thematisiert anhand von Texten, die von Aristophanes über Shakespeare, Marivaux bis zu Brecht und Müller reichen. Dann folgen zwei Kapitel zu Epochenumbrüchen: 18./19. Jahrhundert und 19./20.Jahrhundert, die über zentrale Themen dieser Zeit *Großstadt*, *Industrialisierung* und *Sprache/ Sprachkrise* erschlossen werden. Erfahrungen von Großstadt spiegeln sich in der Lyrik von J. Hart, E. Stadler, G. Heym, O. Loerke, A. Wolfenstein und E. Kästner. *Großstadt* ist das Thema, um auch die beiden Epochen Naturalismus und Expressionismus aufzuschließen. Aus der erzählenden Literatur werden dazu Romanauszüge von W. Raabe, A. Döblin und I. Keun präsentiert. Ein Porträt der Schriftstellerin C. Wolf sowie moderne Literatur nach 1945 mit Texten von A. Seghers, P. Celan, N. Sachs, G. Eich etc. werden im weiteren Verlauf vorgestellt.

Für systematische Untersuchungen von Kanonbildung und -entwicklung in Lesebüchern ist hier nicht der Ort. Als Tendenz lässt sich jedoch festhalten, dass ein literarischer Kanon am ausgeprägtesten in den Lesebüchern für das Gymnasium vorliegt, wie in *Lektüre, Facetten, Deutsch*, der Anteil und die Bandbreite literarischer Texte in den integrierten Lesewerken für die Realschulen zurücktritt und in den Lesebüchern für die Hauptschule eine zielgruppen- und schulformspezifisch reduzierte Auswahl erfolgt. Hier richtet sich der Textkanon nicht zuletzt nach dem Lesekompetenzniveau der Schüler und wie im Fall von *LEO*, das eine literarische Bildung auch für Hauptschüler anstrebt, erfolgt eine Adaption von Klassiker-Stoffen und -Themen. Als weitere Tendenz ist die verstärkte Aufnahme von moderner Literatur (*Deutsch plus, Facetten*) und Literatur aus anderen Kulturen (Weltliteratur wie Texte von Schriftstellern aus Herkunftskulturen von Migranten) zu verzeichnen (R. Schami). Eine Orientierung an Leserbedürfnissen und am Verbreitungs- und Wirkungsgrad von Literatur zeigt sich an der Aufnahme von C. F. Rowlings Roman „Harry Potter" (*Deutsch* 5, 2001) oder U. Ecos „Der Name der Rose" (*Facetten*).

2.6 Aufgaben und Strategien

Die Aufnahme von Arbeitsanregungen in Lesebüchern ist erst in den 60er Jahren mit dem Typ des literarischen Arbeitsbuches erfolgt. Seitdem hat sich die Bandbreite von Aufgaben und Aufgabentypen in Lesebüchern zunehmend differenziert. Die Frage, ob Aufgaben überhaupt in das Lesebuch integriert oder in Arbeitshefte/Lehrerbände ausgelagert werden sollten, wird kontrovers diskutiert. Viele Lehrer/-studenten möchten für sich und den Schüler einen größeren Handlungsspielraum offen halten und schlagen daher den Verzicht von Aufgaben und Übungen oder die Integration in Lehrerhandreichungen vor. Die Gefahr ist, dass Fragen zu einem Text die Leserichtung festlegen und Schüler diese übernehmen, ohne ihre eigenen Fragen und Hypothesen zu entwickeln. Kritisch zu hinterfragen bleibt, was leisten Aufgaben in einem Lesebuch, welchen Stellenwert haben sie, werden die mit ihnen verbundenen Intentionen eingelöst, wie lassen sie sich in ein Unterrichtsgeschehen integrieren, an wen wenden sich Aufgaben, welche Rollen werden dem Lerner und dem Lehrer jeweils zugeordnet. Folgende Prüffragen lassen sich in Bezug auf Arbeitsanregungen in Lesebüchern formulieren:

Prüffragen zu Aufgaben
1. Nach welchen Merkmalen lassen sich Aufgaben charakterisieren?
2. Welche Funktion haben Aufgaben?
3. Welche Aufgabentypen lassen sich unterscheiden?
4. Welche Progression zeichnet sich in einer Lesebuchreihe ab?
5. Wie differenzieren sich Aufgaben in Lesebüchern für verschiedene Schulformen?

2.6.1   Systematik von Aufgaben

2.6.1.1 Externe Merkmale

Für eine Systematisierung und Beurteilung von Aufgaben lassen sich Aufgaben nach internen und externen Merkmalen charakterisieren. Zu den externen Merkmalen gehören: Platzierung, Zusammenstellung, Markierung.

a) Platzierung:

An welchem Ort befindet sich eine Aufgabe innerhalb eines Lesebuchs: vor einem Text, unter einem Text, seitlich von einem Text (*Wort und Sinn*); am Ende eines Kapitels (*LesArt*), am Ende eines Bandes (*Magazin*) oder ausgelagert in einem Lehrerband und in Arbeitsheften? Aufgaben vor einem literarischen Text sind selten (im Unterschied zu fremdsprachlichen Lehrwerken!) (s. A 4, S. 135).

– Aufgabenstellung <u>vor</u> einem Text:

In *Deutschbuch* 8 (1999) sollen Lerner vor der Lektüre lyrischer Texte eine Mind-Map erstellen. In *LEO* 6 (2001, 86) steht vor den Texten zur Steinzeit die Frage: „Was wisst ihr über diese Zeit? Warum wurde sie ‘Stein’-zeit genannt?"

– Aufgaben <u>nach</u> einem Text in: *Deutschbuch* 8 (1998, 298):

Hans Magnus Enzensberger

abendnachrichten

massaker um eine handvoll reis,
höre ich, für jeden an jedem tag
eine handvoll reis: trommelfeuer
auf dünnen hütten, undeutlich
höre ich es, beim abendessen.
auf den glasierten ziegeln
höre ich reiskörner tanzen,
eine handvoll, beim abendessen,
reiskörner auf meinem dach:
den ersten märzregen, deutlich.

> 1. a) Welche Nachricht liegt diesem Gedicht wohl zu Grunde?
>   b) Beschreibt die Reaktion des lyrischen Ichs auf die Nachricht.

– Aufgaben <u>seitlich</u> von einem Text:

Aufgaben können auch seitlich von den Texten stehen, wie z. B. in *LEO* praktiziert. Sie haben in Bezug auf den Lektüreprozess eine unterschiedliche Funktion, indem sie einmal vor der Lektüre zu bearbeiten sind, in anderen Fällen jedoch erst nach der Lektüre bearbeitet werden können, oder sie beziehen sich auf den Lektüreprozess selbst. Beispielsweise in *LEO* 5(2000, 34) ist einem russischen Märchen an der Seite die Aufgabe zugeordnet: „Bevor ihr weiterlest: wie würdet ihr die Fragen des Zaren beantworten?" Diese Frage hat einen hypothesenbildenden Charakter, unterbricht den Lektürevorgang und macht ihn dadurch spannungsvoller, weil der Lerner im Folgenden seine Hypothesen am Text überprüfen kann.

– Trennung von Text und Aufgabe in: *ansichten* 9 (1992, 126):

Günter Kunert

Unterwegs nach Utopia

Auf der Flucht
vor dem Beton
geht es zu
wie im Märchen: Wo du
auch ankommst
er erwartet dich
grau und gründlich.

Auf der Flucht findest du
vielleicht
einen grünen Fleck
am Ende
und stürzest selig
in die Halme
aus gefärbtem Glas.

Die Aufgabe zu dem Gedicht steht im Aufgabenanhang des Lesebuchs (271):

---

a) Wie wird der Mensch in Zukunft leben, wenn Günter Kunerts
   Prognose eintrifft?

b) Schreibt den Text als **Prosatext** mit Satzzeichen auf, und ver-
   gleicht die
   Wirkung der beiden Texte.
   Welcher Eindruck geht im Prosatext verloren?

Je nach Platzierung erfüllen Aufgaben unterschiedliche Funktionen: Sie können
der Verständniskontrolle dienen, Impulse für tieferes Verstehen geben oder auf
den Transfer von Gelerntem zielen. Sind Aufgaben einem Text unmittelbar zugeordnet, haben sie einen anderen Effekt, als wenn sie im Anhang stehen oder am
Ende eines Kapitels. Sie sind tendenziell in den Lektüreprozess integriert und
werden automatisch mitgelesen. Unabhängig von der Frage, ob der Lehrer im
Unterricht mit diesem integrierten Aufgabenangebot arbeitet oder nicht, steuern sie die Wahrnehmung und das Verstehen des Lesers/Lerners in viel stärke-
rem Maß, als wenn Aufgaben am Ende eines Kapitels oder im Anhang stehen.

b) Zusammenstellung:

Aufgaben können alleine stehen oder in Kombination und Abfolge mit anderen
Aufgaben und so gebündelt sein, dass sie ein eigenes Kapitel mit Werkstatt-
charakter bilden. *Tandem* arbeitet mit größeren thematischen Einheiten, die am
Ende jeweils mit einem eigenen Methodenkapitel abgeschlossen werden.

Beispiel aus *Deutschbuch* 8 (1998, 223) für eine Aufgabensequenz, die an die
Geschichte „Lukas, sanftmütiger Knecht" von S. Lenz anschließt:

A) Aufgaben zum Aufbau der Geschichte
   1. Gliedert den Verlauf der Handlung in Sinnabschnitte.
      Nummeriert diese Sinnabschnitte und fasst sie in jeweils ei-
      nem Satz zusammen.

B) Aufgaben zu den Figuren und ihren Beziehungen zueinander

C) Aufgaben zur sprachlichen Gestaltung und zur Erzählperspektive

D) Aufgaben zum zeitgeschichtlichen Hintergrund

---

c) Markierung:

Lesebücher unterscheiden sich in der Art und Weise, wie das Layout von
Aufgaben gestaltet ist (s. Kap. 2.8). Wechselnde Schrifttype, farbige Unterlegung, Einkastelung und räumliche Abtrennung vom Textbereich sind bevorzugte

Gestaltungsmittel für Aufgaben und bieten eine Orientierung für den Leser. Keine Abhebung von Fließtext und Aufgabe erfolgt in *Seitenwechsel*. *Lektüre* verwendet eine andere Schrifttype für Aufgaben, unterlegt sie farbig und trennt sie vom Textkorpus ab.

2.6.1.2 Interne Merkmale

Zu den internen Merkmalen von Aufgaben zählen:

a) Verständlichkeit:

Mit diesem Kriterium für die Analyse von Aufgaben ist die Sprache gemeint, die Klarheit, Einfachheit und Genauigkeit, mit der eine Aufgabe formuliert ist.

b) Schwierigkeitsgrad:

Der Schwierigkeitsgrad einer Aufgabe bemisst sich nach der Zahl der durchzuführenden Operationen, die für die Lösung erforderlich sind, dem Abstraktionsgrad und dem vorausgesetzten Wissen. Die Ermittlung einer konkreten Information in einem Text ist eine einfache Aufgabe. Höhere Anforderungen an den Lerner stellen Aufgaben, die wiederholte Suchverfahren und Abstraktionsbildungen erfordern. Faktenfragen wie „Wer tut was?" „Wo spielt die Geschichte?", sind einfache Fragen, weil die Informationen direkt aus dem Text ablesbar sind. Hingegen zielen Interpretationsfragen auf verborgene Zusammenhänge, die der Leser erst rekonstruieren muss: Motive, Absichten von Figuren. Handelt es sich um eine konkrete Information, die der Lerner zu ermitteln hat, so handelt es sich um eine einfache Aufgabe. Einen mittleren Schwierigkeitsgrad haben Aufgaben, bei denen der Lerner die Zielsetzung, Bedingung, Motive und Absichten ermitteln muss. Den höchsten Schwierigkeitsgrad haben Aufgaben, die abstrakte Informationen für ihre Lösung erfordern. Der Lerner muss in dem Fall verschiedene Strategien anwenden, wie z. B. verstreute Informationen integrieren und eine übergeordnete Kategorie bilden, in die sich diese Informationen wiederum einordnen lassen. Bei einer einfachen Aufgabe muss der Lerner nur eine Strategie anwenden: das Finden einer Information, bei komplexeren sind wiederholte Suchverfahren und Abstraktionsbildungen erforderlich.

c) Kontextdiskriminierung:

Um eine Aufgabe in ihrer Lösbarkeit und Sinnvollheit/Funktion beurteilen zu können, muss geprüft werden, ob eine Aufgabe eine Kompetenz (Wissen, Deutungsfähigkeiten) erfordert, die zuvor in der Lesebuch-Reihe aufgebaut wurde.

d) Lernform:

Wird durch die Aufgabenstellung eine Lernform neu eingeführt - z. B. das Umsetzen in ein anderes Medium oder die Recherche? Ein Qualitätskriterium für Aufgaben besteht darin, eine neue Lernform nicht mit einem neuen Lerninhalt zu verbinden, sondern an einem vertrauten Stoff einzuführen.

e) Komplexität:

Unter Komplexität versteht man die Zahl der Operationen und den kognitiven Aufwand, die zur Durchführung einer Aufgabe erforderlich sind. Z. B. besteht das Zusammenfassen eines Textes aus mehreren Teiloperationen: Auswählen, Auslassen, Abstrahieren, Integrieren von Inhalten. Jede dieser Teiloperationen kann einzeln eingeübt werden, um diese komplexe Aufgabe durchzuführen. Wie aufwendig die Lösung einer konkreten Aufgabe ist, hängt wiederum vom Text, seiner Sprache, seinem Aufbau, seiner Länge und seiner inhaltlichen Struktur ab.

f) Zeit-/Planungsparameter:

In welchen Zeit- und Planungseinheiten kann eine Aufgabe durchgeführt werden: In 10 Minuten innerhalb des Unterrichts; in mehreren Zeitsequenzen und an unterschiedlichen Orten: Schule, zu Hause, außerschulische Institutionen, Umgebung? Typisch für größere Zeit- und Planungsparameter sind Projekte.

g) Arbeits-/Sozialform:

Monologisch/dialogisch; Einzel-/Partner-/Gruppenarbeit sind Formen, die durch die Aufgabenstellung in Lesebüchern häufig offen gelassen werden oder die sich aus dem Charakter einer Aufgabe selbst ergeben. Eine Spielübung ist immer dialogisch-interaktiv ausgerichtet. Hinweise zu Aufgaben/Arbeits-anregungen finden sich häufig in Lehrerbänden.

Ein Beispiel für eine in der Gruppe zu erstellende Aufgabe, die dem Gedicht „Die Katze" von M. L. Kaschnitz zugeordnet ist, gibt *Treffpunkte* 9 (1999, 49):

> Das Gedicht „Die Katze" könnt ihr besonders gut in Gruppen erar-beiten. Jede Gruppe erhält einen Abschnitt des Textes. Der wird genau gelesen. Dann teilt jede Gruppe den anderen Gruppen mit, was in diesem Textabschnitt steht. (Nicht vorlesen, sondern wie-dererzählen!) Danach überlegen die einzelnen Gruppen, welche den Anfang des Gedichtes haben könnte./.../

h) Reichweite:

Ein weiteres Differenzierungskriterium für Aufgaben ist die Reichweite: Muss zur Lösung einer Aufgabenstellung ein kleiner Textumfang berücksichtigt werden, muss der Leser eine Verbindung zwischen Teilen herstellen, die weit voneinander entfernt sind, oder die die Integration von Hintergrundkenntnissen erfordern und somit die Bearbeitung von Zusatztexten.

i) Ziel und Inhalt:

Aufgaben unterscheiden sich nach Ziel und Inhalt voneinander. Ziel kann z. B. die Entwicklung von Lesekompetenzen sein. Der Inhalt einer Aufgabe ist bestimmt durch die durchzuführende Handlung wie Malen, Ordnen, Schreiben eines Gedichts oder Stationen eines Geschehnisverlaufs in einer Landkarte Eintragen.

Gute Aufgaben sind durch Zielbezogenheit gekennzeichnet und dadurch, dass sie Problemlösungsaktivitäten auslösen, zum Wissens-/Verstehensaufbau durch aktive Auseinandersetzung mit einem Text, zu konzeptuellem Wechsel und zur Neuorganisation von vorhandenem Wissen anregen.

j) Form:

Aufgaben sind in der Regel in Textform (direktiv, fragend) gestaltet, bisweilen werden Strukturschemata oder Tabellen vorgegeben. Aufgaben können offen, halb geschlossen oder geschlossen sein (bei Vorgabe eines Musters, einer Auswahl). Einer halboffenen Form wird z. B. ein Modell vorgegeben und nach diesem Modell soll ein Textteil weiter bearbeitet werden.

k) Anredeform:

Viele Lesebücher wenden sich explizit an Schüler und sprechen ihn in der Du-Form an:

In *Deutsch* 7 (1997, 41) heißt es im Anschluss an einen Dialog von H. Siegen:

> Wie stellst du dir die Situation vor, in der dieses Gespräch stattfindet, den Ort, die Zeit und die näheren Umstände?

Bisweilen wird die Wir-Form gewählt:

> Auch in dieser Geschichte erfahren wir, dass das Geschehen aus der Sicht des Lehrlings /.../ (*Deutsch* 7, 127).

Wer ist „wir"? Der Autor, der seine Perspektive mit dem Schüler zusammenschweißt? Das Verschmelzen verschiedener Perspektiven in Aufgaben ist nicht unproblematisch.

l) Steuerungsgrad:

Aufgaben legen die Zielrichtung fest oder lassen sie unbestimmt. Wird z. B. ein Schema vorgegeben, in dem die Bearbeitungsschritte markiert sind, oder Alternativen, aus denen Lerner wählen können, wie z. B. verschiedene Themen vorgeben zu einem Gedicht und das passende Thema wählen lassen, dann wird die Durchführung der Aufgabe gesteuert. Eine geringe Steuerung und große Offenheit liegt bei Assoziationen, Zeichnen einer kognitiven Karte, Malen, eine Collage Erstellen vor. Hier wird der Subjektivität, der Erfahrung und Phantasie des Lerners Spielraum gelassen.

m) Definiertheit:

Die Definiertheit des Aufgabenziels hat ebenfalls unterschiedliche Ausprägungen in Lesebüchern. Bei Aufgaben, wie das Thema eines Textes Nennen oder das Versmaß eines Gedichtes Bestimmen, ist das Ziel der Aufgabe klar definiert. Heißt es jedoch im Hirschgraben-*Lesebuch* 9 (1991) nach der Lektüre von B. Brechts „Wenn die Haifische Menschen wären":

> Nimm Stellung zur Erzählsituation, zum Inhalt und zum Aufbau des Textes.

dann sind weder das Ziel noch der Inhalt der Aufgabe präzise bestimmt. Was genau soll getan werden? Was heißt Stellung nehmen zur Erzählsituation? Wann ist die Aufgabe gelöst?

2.6.2 Funktion von Aufgaben

Aufgaben unterscheiden sich wesentlich in ihrer Funktion. Funktionen lassen sich beschreiben im Hinblick auf die Lernaktivitäten, die durch eine Aufgabe ausgelöst werden. Sie können der Übung, Anwendung, dem Transfer und der Rekapitulation von Gelerntem dienen oder der Verarbeitung, der Erschließung eines Textes und der Aneignung von Strukturen.

Vor der Lektüre kann die Aufgabe Hintergrundwissen aktualisieren, motivieren und neugierig machen. Im Anschluss an einen Text kann eine Frage eine verständnisübergreifende Funktion haben, einen Suchprozess auslösen oder der Verarbeitung von Gelesenem dienen. Funktionsbestimmungen können nicht ohne Berücksichtigung des Kontextes vorgenommen werden.

2.6.3 Aufgabentypen

Eine Typologie von Aufgaben und Übungen erfolgt nach inhärenten Merkmalen. Für eine erste Systematisierung wird von den übergeordneten Merkmalen Form, Inhalt und Funktion ausgegangen. Zur Veranschaulichung wurden aus verschiedenen Lesebüchern typische Aufgaben ausgewählt und in der nachfolgenden Tabelle zusammengestellt.

Aufgaben in Lesebüchern

1. Fasse den Textabschnitt zusammen.
2. Wie geht die Geschichte weiter?
3. Was bedeutet die Überschrift?
4. Schreibe das Gedicht in eine Erzählung um.
5. Vergleiche Märchen und Fabel.

6. Warum handelt die Figur X so?
7. Bringe die durcheinandergewürfelten Textteile in eine Reihenfolge.
8. Erzähle die Geschichte aus der Sicht einer anderen Figur.
9. Male ein Bild zu der Geschichte.
10. Schreibe selbst ein Märchen.
11. Erstelle eine Collage aus Werbetexten.
12. Beschreibe das Äußere einer Figur.
13. Wie gefällt dir die Geschichte?
14. Arbeite die typischen Merkmale einer Fabel heraus.
15. Wie hätte sich ein Freund verhalten?
16. Vergleiche Anfang und Ende der Geschichte.
17. Was hat sich inzwischen verändert?
18. Mache selbst ein Bildgedicht.
19. Suche nach Informationen zu „Asylanten in der BRD".
20. Worin besteht die Pointe?
21. Zu welcher Textsorte gehört der Text?
22. Wie reagieren die Figuren auf das Geschehen?
23. Schreibe den Text zum Thema.
24. „Wer bin ich?"
25. Stelle weitere Begriffe im Computerlexikon zusammen.
26. Welcher Zusammenhang besteht zwischen dem Text und dem Titel der Textreihe?
27. Mache aus dem Zeitungstext eine Satire.
28. Schreibe einen Brief an den Lehrer.
29. Mache ein Hörspiel.
30. Trage das Gedicht mit Musikbegleitung vor.

Wie diese Auflistung von Aufgaben deutlich zeigt, ist die bevorzugte Form die Frage und die Aufforderung (imperativischer Modus), eine bestimmte Handlung durchzuführen, wie Vergleichen, Zusammenfassen, Ordnen, Malen, Schreiben, Vortragen. Die durchzuführenden Handlungen unterscheiden sich wiederum nach Inhalt und Funktion. Einen Vergleich zwischen Texten durchzuführen ist eine andere Tätigkeit und funktional auf andere Ziele/Zwecke ausgerichtet als ein Bild zu einem Text malen oder eine Zusammenfassung schreiben. In der jüngeren Geschichte des Lesebuchs zeichnet sich eine Entwicklung ab dergestalt, dass in frühen Lesebüchern die Frage dominierte und zunehmend im Lesebuch der 80er und 90er Jahre Direktiven/Handlungsanweisungen aufgenommen wurden. Bisweilen handelt es sich dabei um versteckte Fragen, die lediglich in eine Handlungsaufforderung umgewandelt wurden, um damit die Handlung, die ein Lerner durchführen muss, um zu einer Antwort zu gelangen, zu benennen. Der Handlungscharakter steht im Vordergrund.

2.6.3.1 Gruppe der Aufforderungen/Direktiven

Innerhalb der großen Gruppe der Aufforderungen sind Vergleichs-, Such- und Anwendungsaufgaben sowie kreative Aufgaben voneinander zu unterscheiden.

2.6.3.1.1 Vergleichsaufgaben

Das Vergleichen ist eine Operation, die auf verschiedene Gegenstände bezogen sein kann. Leser sollen Texte/Gattungen vergleichen, verschiedene Medienfassungen einer Geschichte, Geschichteninhalte, Textteile, verschiedene Versionen eines Stoffes. Das Vergleichen umfasst wiederum eine Mehrzahl an Teilaktivitäten, da es auf dem Erfassen von Gleichem, Ähnlichem und Differentem beruht. Vielfach ist der Vergleich kombiniert mit anderen Aufgabenstellungen, wie beispielsweise das Schreiben eines Textes und Umformen eines Prosatextes in ein Gedicht. In *Treffpunkte* 8 (2001) steht unter dem als Prosatext gefassten Gedicht von G. Kunert „Unterwegs nach Utopia II" die Aufgabe:

> 1. Dieser Text, der hier in Prosaform abgedruckt ist, wird erst zu einem Gedicht, wenn du ihn in Verszeilen aufschreibst.
> 2. Ergänze am Schluss ein oder zwei Zeilen.
> 3. Vergleicht eure Texte – und vergleicht sie anschließend mit dem Original auf S. 151.

In *Treffpunkte* 10 (1992, 56) soll die 1. Fassung von C.F. Meyer „Der römische Brunnen" mit der 7. Fassung des Gedichts verglichen werden. Dabei werden als Hilfestellung Vergleichspunkte angegeben:

> /.../ – Schau dir das Reimschema an. Achte auf den Rhythmus und auf die hellen und dunklen Klänge. Von welchem Gedicht geht eher Ruhe aus, in welchem kommt die Bewegung des Plätscherns zum Ausdruck? Wie ist das Aufsteigen des Wasserstrahls in beiden Gedichten gestaltet? Wie unterscheiden sich die letzten Verse in ihrem Versmaß – und damit auch in ihrer Wirkung?

Die Funktion von Vergleichsaufgaben besteht darin, die Wahrnehmung für Identisches und Differentes zu schärfen, Lerner darin zu schulen, Elemente zu erkennen, zu sortieren, zu ordnen, Kategorien zu bilden und Grenzen zu ziehen. In Bezug auf literarische Texte bilden dabei Gattungsmerkmale, Formen, Stoffe, Motive, Erzählstrukturen und die Historizität von Texten Vergleichsaspekte, aber oft wird auch der Vergleich zwischen der eigenen Textproduktion und dem literarischen Original angeregt.

2.6.3.1.2 Anwendungsaufgaben

Ein anderer Typ umfasst Aufgaben, die der Anwendung von Gelerntem dienen. Dazu zählen Aufgaben der Identifikation von Gattungsmerkmalen oder des Erzählens einer Geschichte, nachdem bestimmte Gattungs- und Erzählkategorien behandelt wurden.

In *Unterwegs* 8 (1994) werden in der Kurzgeschichten-Werkstatt zunächst Kurzgeschichten eingeführt, dann folgen mehrere Kommentare von Autoren über Kurzgeschichten mit der Aufgabe:

> 2 Versucht das, was ihr hier über die Kurzgeschichte erfahren habt, auf die Texte, die ihr zuvor gelesen habt, anzuwenden. Welche Elemente könnt ihr entdecken?

2.6.3.1.3 Suchaufgaben

Verschiedene Typen von Suchaufgaben kommen ebenfalls häufig in Lesebüchern vor. In *Deutsch plus* 7 (2002, 109) heißt es im Anschluss an einen Romanauszug aus „Jakob heimatlos" von B. Pludra:

> B. Wer hat das Pförtnerhäuschen zerstört? Suche im Text nach Hinweisen.

Suchaufgaben können textextern angelegt sein, indem nach Informationen in anderen Quellen gesucht wird. Eine nicht punktuelle Suchaufgabe, die zudem über die gegebene Unterrichtseinheit hinausgeht, ist die Recherche im außerschulischen Bereich oder in den neueren Medien (Internet). Für textintern ausgerichtete Suchaufgaben ist das Aufspüren inhaltlich oder sprachlich-formal relevanter Elemente eines Textes typisch – sei es, dass eigene Leseerfahrungen am Text kontrolliert werden sollen, sei es, dass Interpretationsfragen zu bearbeiten sind. Die Funktion von Suchaufgaben besteht in der Eigenaktivität des Lerners, in der vielfältigen Belebung der Text-Leser-Interaktion und in der Anregung, eigene Interpretationen zu bilden durch Auffinden, Bewerten und Integrieren von wichtigen Informationen.

2.6.3.1.4 Kreativitätsfördernde Aufgaben

Zur weiteren Systematisierung von Aufgaben wird die Gruppe von kreativitätsfördernden Aufgaben ausgesondert. Dazu gehören alle Aufgaben, die auf eine Eigenproduktion in unterschiedlichen Medien zielen: ein Bild malen, selber ein Gedicht/eine Geschichte schreiben oder eine Collage erstellen. Viele kreative Formen sind kombiniert mit anderen Medien: Musik, Theater, Bilder.

Die Funktion von kreativitätsfördernden Aufgaben besteht darin, ein hohes Maß an Eigenproduktivität und schöpferischem Handeln zu ermöglichen und damit eher begrifflich-analytische Herangehensweisen an Texte um andere Potentiale von Lernern (Erfahrungen, Erinnerungen, Bildhaftes, Emotionales, Musisches) zu ergänzen.

2.6.3.1.5 Produktive Aufgaben (= Schreiben)

Zu einem weiteren Aufgabentyp werden Aufgaben zusammengefasst, die einen produktiven Charakter haben, aber im Unterschied zu der Gruppe 4 an eine Textvorlage gebunden sind. Bezeichnend für diese Aufgaben ist, dass ihre Durchführung eine Operation ist, die auf etwas anderem operiert (Geschichten-inhalte, formale Strukturen). Sie können mündlich wie schriftlich durchgeführt werden, sind aber überwiegend an das Schreiben gebunden. Dominant handelt es sich um die Produktion von Texten auf einer originären Textgrundlage, teilweise aber auch um Transformationen einer Geschichte in ein anderes Medium oder eine andere Gattung. Dabei muss die Geschichtenstruktur gewahrt bleiben, während diese Bindung bei den unter Punkt 4 zusammengefassten Aufgaben entfällt.

Typische Aufgaben sind:

- eine Geschichte zu Ende erzählen (schriftlich oder mündlich)
- die Geschichte aus der Perspektive einer anderen Figur erzählen
- eine Geschichte in ein anderes Medium transformieren (Seh- oder Hörmedium)
- einen Text in eine andere Gattung umwandeln (Gedicht in Prosaform z. B.)

Produktive Aufgaben können vielfältig funktionalisiert sein: Erkennen von Formen, Gattungen; Sensibilisieren für ästhetisch-literarische Strukturen und ihre Veränderungen; Hinführen zum genauen Lesen; Umsetzen von bereits Gelesenem und Verstandenem. Ob Aufgaben das leisten, bleibt im Einzelnen zu prüfen und kann nicht losgelöst von den Texten und dem Lernzusammenhang beurteilt werden.

2.6.3.2 Fragen

Am häufigsten kommen Fragen in Lesebüchern vor. Fragen geraten leicht in den Verdacht, monoton, stereotyp und zu leserlenkend zu sein. Doch ist die Frage das Moment der Dialogeröffnung und ihre Qualität hängt von dem ab, was sie auf der Leserseite bewirkt und was sie an Bedeutungspotenzial eines Textes zu öffnen vermag. Insofern bedarf es einer genauen Betrachtung der Struktur einer Frage. Fragen haben eine unterschiedliche Zielrichtung: Die einen beziehen sich auf den Text, um ihn formal, inhaltlich oder kultur- und gattungsgeschichtlich auszuloten. Sie dienen der Erarbeitung eines Textes und streben ein vertieftes

Textverständnis an. Die anderen Fragen wenden sich direkt an den Leser und fordern dazu auf, subjektive Meinungen zu artikulieren, eigene Erfahrungen und Vorkenntnisse einzubringen und Bezüge zur Lesewelt herzustellen. Es sind Fragen wie: Was weißt du über …? Wie findest du …? Was hältst du von …? Was hättest du getan?

Fragen bewegen sich innerhalb eines Kontinuums, an dessen einem Ende der Text steht und eine Objektivierung von Leseerfahrungen angestrebt wird, an dessen anderem Ende sich der Leser und seine Subjektivität befindet. Dazwischen stehen viele Fragen, die die Interaktion zwischen Text und Leser beleben möchten und Prozesse auslösen, die zu einer vielfältigen wechselseitigen Auseinandersetzung mit einem Text führen. Die Grenzziehung zwischen den genannten Fragetypen und ihren Schwerpunkten ist nicht immer eindeutig, aber diese Differenzierung scheint sinnvoll, um Intention und Leistung einer Aufgabe einschätzen zu können.

Entsprechend dem Fokus lassen sich Fragen charakterisieren als: textfokussiert, leserfokussiert oder die Text-Leser-Interaktion fokussierend. Bei einer textorientierten Fragestellung muss weiterhin differenziert werden, ob der Akzent auf der Form/Sprache/Gattung liegt oder auf dem Inhalt. In Lesebüchern treten diese Fragetypen zumeist gemischt auf. In den Fragen spiegeln sich lese- und verstehenstheoretische Positionen, von denen Lesebuchautoren ausgehen.

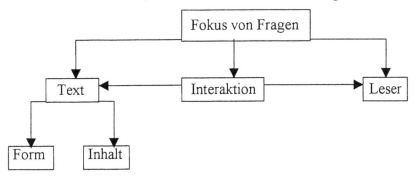

- Text-formfokussierte Fragen:
In *ansichten* (1992, 275) heißt es in Bezug auf E. Kästners Gedicht „Sachliche Romanze“:

> d. Untersucht, ob es sich bei dem Gedicht um eine **Satire** handelt.

- Text-inhaltsfokussierte Fragen:
Im Anschluss an eine Geschichte von A. Seghers steht in *lesenswert* 9 (1992, 127) die Frage:

> 1. Wer spielt in dieser Geschichte alles eine wichtige Rolle?
>
> Versucht die Beziehungen zwischen diesen Personen in einer Übersicht graphisch darzustellen.

Oder im selben Lesebuch (S. 119) nach der Geschichte von W. Borchert „Nachts schlafen die Ratten doch":

> 2. Was geht Jürgen im Verlauf der Geschichte durch den Kopf? Formuliert einige seiner Gedanken, und fügt sie an der passenden Stelle in die Erzählung ein.

• Leser-fokussierte Fragen:

Leserfokussierte Aufgaben sind z. B.: „Wie gefällt dir die Geschichte?" Oder: „Kennt ihr solche Probleme auch aus eigener Erfahrung oder Beobachtung?" (*LEO* 5, 2000, 19). In *Unterwegs* 8 (1994, 155) steht unterhalb der Kurzgeschichte „Fenster-Theater" von I. Aichinger die Aufgabe:

> 1. Das sind Gedanken und Fragen, die jemandem beim Lesen durch den Kopf gegangen sind. Was sind eure Gedanken und Fragen, auch für den weiteren Verlauf der Geschichte?
>
> 2. Was meint ihr zu dem alten Mann und der Frau und ihrem Verhalten?

Leserbezogene Aufgaben zielen nicht nur auf eigene Meinungen und Wertungen, sondern auch auf die Applikation von Textinhalten auf die eigene Erfahrungswelt.

• Text-Leser-interaktionsfokussierte Fragen:

Viele Fragen regen den Leser dazu an, das, was die Texte offen lassen, zu schließen und durch Integration seines welt-, sprach- und gattungsbezogenen Wissens kohärente Sinnzusammenhänge zu bilden. Auf diese Weise werden vielfältige Interaktionen zwischen Text und Leser ausgelöst. In *wortstark* 9 (2001, 147) sollen Leser verschiedene Leerstellen in E. Hemingways Kurzgeschichte „Alter Mann an der Brücke" ergänzen:

> 2. Mehrmals erwähnt er seine Tiere, besonders aber die Katze.
>   – Könnt ihr euch einen Grund dafür vorstellen?
>   – Was unterscheidet die Katze von dem alten Mann?

Vergleiche zwischen Texten erfüllen ebenfalls die Funktion der aktiven Auseinandersetzung mit Texten.

2.6.4 Progression von Aufgaben

Ein gutes Beispiel für eine Progression von Aufgaben zur Entwicklung von elementaren Lesefertigkeiten bietet das Lesebuch *LEO*, das für die Hauptschule konzipiert ist. In den Bänden 5, 6 und 7 finden sich jeweils in den ersten Kapiteln mehrere Übungen zum lauten und schnellen Lesen. Die Ziele reichen von dem Erkennen von Wortbildern und -grenzen sowie längeren Wörtern bis zum Erfassen der Entsprechung von Schreibung und Lautung von Wörtern und der Hinführung zum flüssigen Lesen. Die Übungen im 7. Band sind durch Lesehürden in den Texten erschwert. Im 8. Band werden fortgeschrittene Lesetechniken und -strategien eingeführt und durch Aufgaben trainiert. Es handelt sich um das suchende, überfliegende und studierende Lesen. Die entsprechenden Aufgaben fordern zum Suchen nach Informationen, Gliedern und Zusammenfassen von Textinhalten auf. Geübt werden soll ebenfalls das schnelle Lesen.

2.6.5 Aufgaben in Lesebüchern verschiedener Schulformen

Wie unterscheiden sich die Arbeitsanregungen in Lesebüchern, die für verschiedene Schulformen konzipiert sind? Für die zweite Frage möchte ich das Lyrik-Kapitel in *Treffpunkte* 8 (H) und in *Deutschbuch* (R, G) miteinander vergleichen.

Treffpunkte 8 (1993, 49 ff.): Thema der Gedichte-Werkstatt: Natur

Gedichte	Aufgaben
G. Rühm „naturbeschreibung"	Verszeilen vervollständigen
W. Menzel „Ausgesetzt"	Trennen von ineinandergeschobenem Gedicht und Zeitungstext
V. Feil „Vorstadtstrassen"	Ähnliches Gedicht verfassen
E. Strittmatter „Vom Abend des fünften Februar"	Parallelgedicht schreiben
G. Kunert „Unterwegs nach Utopia II"	Prosatext in Verszeilen aufschreiben; Schluss erfinden
H. Kasper „Nachricht"	Gedicht nach einer Zeitungsmeldung verfassen
L. Fels „Einrichtung"	Ergänzen der Verszeilen
K. A. Wolken „Leere Stelle"	Textabschnitte in richtige Reihenfolge bringen
Baum-Gedichte aus verschiedenen Epochen von Heine, Müller, Rilke, Meyer, Fritz, Brecht etc.	Diskutieren, was jeweils „Bäume" den Dichtern bedeuten

Deutschbuch 8 (1998, 228 ff.): Thema: Mensch und Umwelt im Gedicht

Gedichte	Aufgaben
E. Kästner „Besuch vom Lande",	Frage nach den Erfahrungen der Menschen in der Großstadt;
„Brief eines nackten Mannes"	Ableiten, wie sie in ihrer vertrauten Umgebung leben
	Untersuchen der Perspektive
	Prosatext schreiben mit anderer Perspektive
	Gedicht schreiben, wenn heute jemand in die Großstadt kommt
	Korrigieren der Fehler im 2. Gedicht
Th. Storm „Die Stadt"	Sich informieren über die Autoren
H. v. Hofmannsthal „Siehst du die Stadt"	Zusammenhang zwischen Inhalt und Entstehungszeit klären
	Klären der Beziehung Natur-Stadt
H. Wohlgemuth „Industriestadt sonntags abends"	Unterschiede zwischen den Großstadt-Darstellungen
H. Pieritz „Smog über der Stadt"	Die Person „Stadt" malen
H. Krist „Vorstadt"	Vergleich mit eigenen Erfahrungen
K. Tucholsky „Augen in der Groß-Stadt"	Titel finden
O. Loerke „Blauer Abend in Berlin"	Vergleichen mit Bildern
R. Kunze „Düsseldorfer Impromptu"	Refrain sprechen
	Sprachbilder untersuchen : Bilder raussuchen, ordnen, Bedeutung für Gedichtaussage klären
	Gedicht v. Loerke ins Heft tragen, Aussage über Metrum und Rhythmus machen
	Lexikonartikel zu „Sonett" nachschlagen
	Nachweisen, dass Loerkes Gedicht ein Sonett ist
	Untersuchen, ob eine Zäsur vorhanden ist
J. Voß „wahrnehmung"	Gedichte einer Grafik zuordnen
I. Seidel „Baum in der Großstadt"	Verhältnis von Stadt-Natur beschreiben
S. Kirsch „Bäume"	Vergleich eines Schülergedichts mit anderen Stadtgedichten
L. Rathenow „2084"	Gedicht weiterschreiben, eigene Vorstellung zum Stadtleben entwickeln
	Konj. II bilden zu gewählten Verben
	Strophen zu „Wär ich eine Stadt" ausbauen
	Gedicht zu Natur-Stadt verfassen

Während *Treffpunkte* (H) dem handlungsorientierten Ansatz verpflichtet ist, ist *Deutschbuch* (R, G) ein integriertes Lesewerk. Unterschiede in der Konzeption und den Schulformen, für die beide Lesebücher entwickelt wurden, spiegeln sich im Umfang, in der Sequenzierung von lyrischen Texten und dem Aufgabenapparat. Auffällig an dem Lyrik-Kapitel von *Treffpunkte* ist der kleinere Umfang und die größere Transparenz und Einfachheit in der Aufgabenstellung. Sie zeigt sich in der sprachlichen Formulierung und der Konkretheit der durchzuführenden Handlungsschritte: *„Ergänzt den einen oder anderen dieser Texte, und lest euch eure 'eigenen' Gedichte vor. Vielleicht laßt ihr euch dann von den Originaltexten überraschen."* (S. 46) Dominant vertreten sind produktive Aufgaben, die im Lehrerhandbuch selbst als operative Verfahren gekennzeichnet sind, wie Vervollständigen, Schreiben nach einem Muster und in eine andere Textsorte Umwandeln. Eine Interpretationsaufgabe, die nach der Bedeutung eines Gedichts fragt, wird nur einmal gestellt. Im Vordergrund der Arbeitsanregungen steht das Selber-Umgehen mit lyrischen Gestaltungsmitteln – Vers, Reim, Strophe.

Dagegen ist der Aufgabenteil in *Deutschbuch* nicht nur umfangreicher, sondern er setzt andere Akzente und die Fragen/Aufgaben liegen auf einem höheren Abstraktionsniveau, wie z. B. die Aufgabe zu zwei Kästner-Gedichten: *„a) Beide Gedichte sind in der ersten Hälfte des 20. Jahrhunderts entstanden. Welche Erfahrungen machen die Menschen in Kästners Gedichten, wenn sie zum ersten Mal in eine Großstadt kommen? b) Zieht Rückschlüsse, wie diese Menschen in ihrer vertrauten Umgebung leben."* Erfahrungsinhalte herauszuarbeiten ist eine komplexe Interpretationsaufgabe, die mehrere Selektions- und Abstraktionsprozesse in Bezug auf die einzelnen Gedichte fordert. Hinzu kommt, die Differenz in den großstädtischen Erfahrungen vergleichend und im fortlaufenden Blickpunktwechsel zwischen den Gedichten zu erfassen.

Ein Teil der Aufgaben bezieht sich auf die Erfahrungen von Großstadt und die Beziehung von Großstadt-Natur innerhalb der Gedichte. Die Aufforderung, Großstadterfahrungen in einem Gedicht zu beschreiben, ist von höherem Allgemeinheitsgrad als die Aufforderung, ausgesparte Verszeilen eines Gedichts zu ergänzen. Wiederholt wird eine historische Kontextualisierung durch die Aufgabenstellung angeregt, so dass auch hier die Ebene des konkret-handwerklichen Umgehens mit Gedichten wie in *Treffpunkte* überschritten wird. Durch Auswahl und Anordnung der Gedichte wird eine historische Entwicklung in der Beziehung Großstadt und Natur ableitbar, ein weiterer Aufgabenblock gilt dieser Veränderung im historischen Kontext. Dosiert werden eigene Schreibaufgaben formuliert und es wird zum Einbringen eigener Großstadterfahrungen aufgefordert. Auf die Form bezogene Aufgaben gelten der Herausarbeitung von Merkmalen eines Sonetts. Eine andere Qualität haben jene Aufgaben, die den Lernbereich „Reflexion über Sprache" mit dem „Umgang mit Texten" verknüpfen. Entsprechende Aufgaben lauten: Sprachbilder und Fehler raussuchen, Bearbeitung des Konj. II und Produktion eines eigenen Gedichts auf der Grundlage dieser Spracharbeit.

2.6.6 Strategien/Arbeitstechniken

Geht die Intention eines Lesebuchs dahin, durch ein Angebot literarischer Texte
ein literarisches Wissen bereitzustellen und durch die Arbeitsstruktur, die einem
Lesebuch unterlegt wird, den Lerner mit jenen Kompetenzen auszustatten, die
einen selbstständigen und kritischen Umgang mit Literatur ermöglichen, so hat
in den vergangenen Jahren eine konzeptionelle Erweiterung bei einigen Lesebüchern stattgefunden, indem eine Ebene <u>methodischen Wissens</u> eingebaut wurde.
Methodisches Wissen bezeichnet die Fähigkeit des Lerners, seinen Lern- und
Verstehensprozess selbst zu planen und zu organisieren. Es ist ein Wissen, das
über den schulischen Kontext hinausreicht und dazu hilft, die vielfältigen Informationsquellen zu nutzen und selbsttätig neue Wissensstrukturen aufzubauen.

Gute Lerner verfügen über ein Repertoire an Strategien, die ihnen eine effizien-
te Lösung eigener Aufgaben ermöglichen. Die Lesebücher unterscheiden kaum
zwischen Strategien und Techniken. Überwiegend wird von „Arbeitstechniken"
gesprochen. In der Lernstrategieforschung (s. Ehlers 1998) hat sich der Begriff
des Handlungsplanes durchgesetzt. Danach sind Strategien Handlungspläne zur
Durchführung einer Aufgabe. Techniken liegen hierarchisch unterhalb der Ebene von Strategien und können in diese inkorporiert sein. Zu den Techniken gehören das Markieren von Textstellen oder Notizen machen. Bei dem, was in den
Lesebüchern unter Arbeitstechnik verstanden wird, handelt es sich meistens um
Lernstrategien. Es gibt Lesebücher, die Strategien nicht nur implizit durch die
Aufgabenstellung vermitteln wollen, sondern auch explizit machen und damit
dem Lerner ein Handwerkszeug in die Hand geben, das ihn befähigt, eine Aufgabe selbstständig zu lösen.

Zur Veranschaulichung zwei Beispiele aus Lesebüchern. Im *Hirschgraben-Lesebuch* 7 (1994, 209) werden zum informierenden und überfliegenden Lesen dem
Lerner folgende Strategien an die Hand gegeben:

> *So könntest du dabei vorgehen:*
> 1. *Text überfliegen, dabei herausfinden, um welche Thematik es geht.*
> 2. *Unbekannte Begriffe klären, Text genau lesen, dabei den Text inhaltlich
>   gliedern, z. B. durch Überschriften oder Stichworte.*
> 3. *Wichtige Ausdrücke herausschreiben, die den Inhalt des jeweiligen
>   Abschnitts verdeutlichen.*

Die Strategien beziehen sich in diesem Fall auf das Abstufen der Lesegeschwin-
digkeit (schnell-langsam), der Tiefe des Lesens (global-detailliert/genau), das
Bilden einer Globalhypothese über das Thema, das Gliedern und das Auffinden
von Schlüsselwörtern.

Einige Lesebücher enthalten eigene Passagen, die abgegrenzt sind von anderen
Textteilen und in denen explizit Deutungs- bzw. Erschließungsstrategien vermittelt werden. Das Lesebuch *Treffpunkte* 9 und 10 stellt in seiner Lyrik-Werkstatt

einen Katalog mit „Fragen an ein Gedicht" zusammen, die eine strategische Funktion haben. Die Fragen werden in Band 9 und 10 modifiziert und angereichert. In Band 9 (1991, 55) lauten die ersten Fragen:

> Wie ist das Gedicht aufgebaut
> - Wie viele Strophen hat es?
> - Aus wie vielen Versen bestehen die einzelnen Strophen?
> - Ist es gereimt? Und wie ist es gereimt?

In *Lesen Darstellen Begreifen* werden im Anhang „Arbeitstechniken" zur Verfügung gestellt. Es handelt sich dabei um Fragen zur Deutung von Lyrik, Erzählprosa und Sachtexten. Z. B. zur Erzählprosa in Band A9 (1997, 336):

> 1. Worum geht es in dem vorliegenden Text?
>   Fasse den Inhalt in wenigen Sätzen zusammen.
> 2. Wie ist das erste Verständnis? Verändert es sich bei genauerem Lesen?
> 3. Zu den Personen (Figuren):
>   - In welcher Beziehung stehen die Personen zueinander?
>   - Vertreten die einzelnen Personen bestimmte Haltungen oder Ideen?
>   - Entwickeln sich die Charaktere im Verlauf der Handlung?

Bei solchen Fragen handelt es sich eher um Interpretationsstrategien als um Arbeitstechniken. Sie geben dem Lerner ein Instrumentarium zur Hand, wie er sich einem erzählenden Text nähern kann. Die Fragerichtungen korrespondieren Kernstrukturen und -begriffen von erzählenden Texten, wie Handlung, Figuren, Erzählperspektive. Derartige Strategien bzw. innere Handlungspläne können ergänzt und begleitet werden von einer Reihe von Techniken, wie Unterstreichen von Wichtigem oder Notizen am Rand.

In *Deutschbuch* 8 (1999, 333) wird im Anhangsteil „Orientierungswissen" ebenfalls ein Bündel an Strategien für die Erschließung erzählender Texte vermittelt. Nach einer Definition von Interpretieren werden Leitfragen zu den Teilen eines Erzähltextes, die bedeutsam sind für das Verstehen, formuliert:

> Fragen zu den **Figuren**:
> - Welche Figuren kommen vor?
> - In welcher Beziehung stehen sie zueinander?
> - Wie gehen sie miteinander um?
> - Was tun sie sonst noch und warum tun sie es?

Fragen zum **Ort**:
- An welchem Ort spielt die Handlung?
- Wie wird der Ort beschrieben?
- Wie wirkt der Ort auf die Personen und wie wirkt er sich auf die Handlung aus?
- /.../

Solche Strategien bieten auch dem Lehrer eine Basis, auf der er die Arbeit mit einem Text aufbauen kann.

Doppel-Klick, ein Sprach- und Lesebuch für die Haupt- und Gesamtschule, integriert eine Reihe von Arbeitstechniken zu den unterschiedlichen Lernbereichen: Lesen, Texte Überarbeiten, Beschreiben, Erzählen, Berichten. Diese Arbeitstechniken sind am Ende des Bandes in einem Überblick zusammengestellt. Eine Arbeitstechnik z. B. zum Thema „Lesen" und „Texte knacken" lautet:

- Die **Bilder** neben, im und unter dem Text helfen dir, den Text zu verstehen.
- Die **Überschrift** sagt dir, was das Thema ist.
- In der **Einleitung** steht, worum es in dem Text geht.
- **Schlüsselwörter** sind besonders wichtige Wörter.
- Manche Wörter werden als **Fußnote** oder in **Randspalte** erklärt.
- Suche Wörter, die du nicht verstehst, im **Lexikon**.

2.6.7 Kritische Schlussbemerkung

Die Aufgabenstellungen in Lesebüchern sind nicht immer überzeugend und sinnvoll. Für eine Kritik an Aufgaben gelten die zu Beginn des Kapitels genannten externen und internen Merkmale. Bisweilen geben Fragen die Deutung vor, die der Leser erst konstruieren soll. Das Ausbalancieren zwischen Steuerung und Offenhalten, zwischen Impuls und Abschneiden eines Deutungs-, Assoziations- und Erlebnisraumes beim Lerner ist immer wieder eine Gratwanderung. Es ist nicht immer deutlich markiert, ob die Aufgaben sich an Lehrer oder Schüler wenden. Haben sie ihren Platz innerhalb eines antizipierten Unterrichtsablaufs, werden fertige Unterrichtseinheiten präsentiert, werden Anregungen für die Arbeit im Unterricht ergänzend zu den Aufgaben gegeben?

Wenn das Lesebuch *Unterwegs* „Unterrichtseinheiten" als eigene Kapitel einbaut, wer ist dann der Adressat? Der Lehrer oder der Schüler? In *Lesezeichen* 10 (1998) stehen die Aufgaben zu den Texten im Anhangsteil. Auch hier ist nicht ganz klar, wer damit wie arbeiten soll. Die sprachliche Anredeform (Du-Form) im Aufgabenteil markiert den Schüler als Adressaten. Aber unklar ist, wie er zu Hause oder im Unterricht mit den Lesetexten und angehängten Aufgaben arbeiten soll. Oder ist der Aufgabenteil dem Lehrer überantwortet, der diese Aufträge an die Schüler delegiert, abändert und entsprechend seiner Intention in den Unterrichtsablauf integriert?

Ein ergänzendes Ineinanderspiel zeichnet sich z.B. in *Treffpunkte* oder *Deutschbuch* ab, wo Aufgaben zum einen in das Lesebuch aufgenommen sind, zum anderen durch weitere Aufgaben, Zusatztexte und Kommentare durch den Lehrerband ergänzt werden.

Wird von einer Lese- und Verstehenstheorie ausgegangen, nach der das Verstehen eines Textes ein konstruktiver Prozess der Bedeutungsbildung ist, dann besteht von didaktischer Seite eine Schwierigkeit darin, Aufgaben zu konstruieren, die die Deutung nicht vorgeben, sondern bedeutungsbildende Prozesse bei Lernern auslösen und eine Balance herstellen zwischen der Lenkung einerseits und der postulierten Offenheit andererseits. Dieses Ausbalancieren und Initiieren von Prozessen der eigenen Sinnbildung gelingt nicht immer in den Lesebüchern.

In *ansichten* 9 steht als Frage zu G. Kunerts Gedicht „Unterwegs nach Utopia" im Anhang (1992, 271):

---

a) Wie wird der Mensch in Zukunft leben, wenn Günter Kunerts Prognose eintrifft?

b) Schreibt den Text als Prosatext mit Satzzeichen auf, und vergleicht die Wirkung der beiden Texte.
Welcher Eindruck geht im Prosatext verloren?

In der ersten Frage wird davon ausgegangen, dass Kunert im Gedicht eine Prognose stellt. Offen bleibt, was für eine Prognose und stellt er überhaupt eine? Fraglich ist ebenfalls, warum die Schüler über eine Zukunftsvision nachdenken sollen, bevor die inhaltliche Aussage und Nuancen des Gedichts erfasst sind? In der Fragestellung erfolgt bereits eine Fixierung der Auseinandersetzung mit dem Gedicht ohne deutlich zu machen, wie der Vorgang der Erschließung und Gestaltbildung angeregt werden kann. Die auf die Hinführung zu formalen Aspekten anschließende Aufgabe steht wiederum nicht in Verbindung mit der ersten. Zu hinterfragen bliebe der Zusammenhang zwischen dem formalen Aufbau und seiner Wirkung und inhaltlichen Aspekten. Der bloße Vergleich zwischen Prosa- und Lyrikversion kann für sich nicht stehen bleiben.

Richten sich diese Aufgaben an den Schüler, bleibt er sich in wichtigen bedeutungsbildenden Prozessen allein überlassen. Wenden sich die Aufgaben an den Lehrer, so bedürfen sie der Einbettung und der Verknüpfung mit anderen Impulsen.

2.7 Medien

Die Veränderung von Kommunikationstechnologien und Entwicklung neuer Medienkulturen reflektiert sich in der Berücksichtigung und Integration von Medien in Lesebüchern. Zu Medien rechnen einmal die Printmedien, wie Zeitung oder Buch, zum anderen die elektronischen Medien TV, Funk, Video und Computer/Internet. In der Entwicklung des neueren Lesebuchs kommt es zu Verschiebungen im quantitativen Verhältnis von literarischen Texten, Sach- und Medientexten, aber es gibt auch qualitative Veränderungen in der Integration von Medien. Zu den Medientexten gehören:

> Klappentexte, Filmausschnitte, Film-/Fernsehskripts, Hörspiele, Pressemeldungen, Zeitungsartikel, Werbung, Cartoons, Comics, Bildergeschichten, Auszüge/Abdrucke von PC-Fenstern, Homepages, Filmkritik, Interviews sowie medienbegleitende Textsorten (TV-/Filmprogramm).

Rückblickend wurden in den ersten Lesebüchern, die Medien überhaupt thematisierten, wie *schwarz auf weiß, drucksachen, Lesen Darstellen Begreifen*, Medien zunächst in thematische Sequenzen eingebunden. Typisch war die Thematisierung von Zeitung, Fernsehen, Werbung und Comics. Entsprechend wurden Medientexte, wie Klappentext, Zeitung, Fernsehskript, Hörspiel, Werbung, Cartoon, aufgenommen. Relativ spät haben Lesebücher den Hörfunk behandelt.

Lesen Darstellen Begreifen nimmt in jedem Leseband ein Medienthema auf, wobei pro Jahrgangsband der Medienschwerpunkt wechselt:

5. Comics	8. Zeitung
6. Buchwerbung	9. Hörfunk, -spiel
7. Massenmedien, Comics	10. Film, Fernsehen

Eigene Medienkapitel finden sich bereits in *Kritisches Lesen* (1973) zu Comics, Fernsehen, Zeitung, Zeitschriften, Presse. Das Lesebuch *Deutsch* (Westermann, 80er Jahre) enthält pro Band eine Mediensequenz zu: Buch, Comic, Zeitung, Rundfunk, Film und Nachrichten. *Lektüre* (1991/92) bietet ab dem 7. Jahrgangsband ein Medienkapitel.

Im Laufe der Entwicklung des Lesebuchs nehmen die Medien-Anteile zu. Erkennbar wird diese Entwicklung an der Aufnahme von Medienkapiteln und Medien-Magazinen, wie in *Facetten* (2001) oder *Seitenwechsel* (1997), und an der Systematik eines Mediencurriculums verteilt über die Lesebuchbände.

Es zeichnen sich nicht nur quantitative Verschiebungen im Verhältnis von Literatur, Sachtexten und Medientexten ab, sondern auch qualitative. Die Lesebücher der 70er und 80er Jahre haben vorrangig die damals beherrschenden und populären Medien aufgegriffen, wie Presse, Fernsehen, Film, Werbung und Comics. In den Lesewerken, die ab den 90er Jahren entwickelt wurden, wird zunehmend die

Arbeit mit dem Computer bzw. der Textverarbeitung am Computer thematisiert, wie in *Deutschbuch* oder *Tandem*. In *Tandem* 7 (1995) wird im Kapitel über „Schreiben" die Textverarbeitung am Computer behandelt.

Die Lesebücher weisen erhebliche Unterschiede in den Schwerpunkten, Inhalten und Zielen der Medienerziehung auf. In einigen Lesebüchern handelt es sich nur um die Arbeit mit Medientexten, in anderen wird ein Mediencurriculum aufgebaut, das systematisch auf eine Medienkompetenz und ästhetische Wahrnehmung ausgerichtet ist. Folgende prüfende Fragen bezüglich der Funktion von Medien und ihres Anteils im Gesamtaufbau eines Lesebuchs stellen sich:

Prüffragen zu Medien
1. Wie sind Medien konzeptionell im Lesebuch verankert?
2. Welche Medien werden thematisiert?
3. Ist die Arbeit mit Medien in thematische Sequenzen integriert oder gibt es eigene Medienkapitel?
4. Welche Progression in der Arbeit mit Medien/Medientexten zeichnet sich in den Jahrgangsbänden eines Lesebuchs ab?
5. Wie hoch ist der Anteil der Arbeit mit Medien/Medientexten im Vergleich zur Arbeit mit literarischen Texten und Sachtexten?
6. Zeichnen sich Unterschiede in der Gewichtung von Medien in Lesebüchern für verschiedene Schulformen ab?

Im Folgenden werden diese Prüffragen gebündelt in Bezug auf einzelne Lesewerke behandelt.

Zur Konzeption von *Lesen Darstellen Begreifen* gehört die sprachliche und literarische Differenzierung der Erfahrung von Schülern. Da Medien zum Erfahrungsbereich gehören, sind entsprechende Medien in den einzelnen Jahrgangsbänden berücksichtigt. In Band A 5 liegt der Schwerpunkt auf „Jugendbüchern", in A6 auf „Comics"; in A7 „Theaterspielen", in A8 „Hörspiele". In *Lesen Darstellen Begreifen* A9 (1993) gibt es einen eigenen Arbeitskreis zum Thema „Zeitungen". Typische Medientexte, die in diesem Band vorkommen, sind: Klappentext, Cartoon, TV-Sendung-Skript, Werbung, verschiedene Zeitungstextsorten, wie Bericht, Glossar, Kommentar, Nachricht und Meldung. In A10 ist das Schreiben thematisiert unter Berücksichtigung von Schreiben am Computer.

Das Lesebuch *Leseland* (1990) versteht sich ausdrücklich als ein Lesebuch für den Literaturunterricht und setzt seinen Schwerpunkt auf den Lernbereich „Umgang mit Texten". Die Sequenzen sind primär thematisch und gattungs-/textsortenbezogen aufgebaut. In jedem Jahrgangsband gibt es ein bis zwei Medienkapitel, jedoch zielen diese Kapitel nicht so sehr auf eine Medienerziehung als auf die Auseinandersetzung mit verschiedenen Medientexten und entsprechendem Aufbau von Textkompetenzen (S. 120).

In den Jahrgangsbänden werden Bücher, Werbung, Klassenzeitung, Buchver-
filmung, Hörspiel, Computersprache, Klassenzeitung und Film behandelt. Eine
Progression lässt sich erkennen an den Textsorten, die in Verbindung mit „Zei-
tung/Nachricht" behandelt werden. In Band 6 und 7: Bericht, Nachricht, Reportage und Interview. In Band 8 folgt dann der Kommentar, die Kritik, die Glosse
und der Leserbrief im Kapitel „Die Nachricht".

Das im Verlag Volk und Wissen (1997) erschienene Lesebuch für das Gymnasium
Deutsch. Texte – Literatur – Medien hat eine eigene Konzeption, bei der Bild-
und Textmedien aufeinander bezogen sind. Das Ziel besteht in der Herausbil-
dung von Lesefähigkeiten in Bezug auf schriftsprachliche Texte und Bild-Texte.
Der Begriff 'Medien', der bereits im Untertitel dieses Lesebuchs vorkommt, ver-
steht unter 'Medien' vorrangig Bilder der bildenden und darstellenden Kunst
(Film, Theater), weniger die neueren elektronischen Medien. In den einzelnen
Bänden 5 bis 10 sind vorrangig Bilder der bildenden Kunst im Zusammenhang
mit Lyrik und Prosatexten vertreten. Regelmäßig kommen in den einzelnen
Jahrgangsbänden Comics, Bildgeschichten, Filmauszüge, Zeitungsartikel und
Zeitungsinterviews vor. Insbesondere in den Bänden für die 9. und 10. Jahrgangsstufe werden der Film und das Theater mit entsprechenden Auszügen aus
der Verfilmung von literarischen Texten bzw. der Inszenierung von Dramen behandelt. Dominant vertreten ist insgesamt die bildende Kunst im Zusammenspiel mit Literatur.

Magazin (H, schwache R; 1999) definiert sich als ein literarisches Lesebuch für
junge Leute, entsprechend gehören Medientexte nicht zum Textkorpus dieses
Lesebuchs. In Band 8 (2000) wird die Recherche am Computer integriert in das
Kapitel „Steine", dessen Zielsetzung im Erschließen von Sachtexten und Informationen Sammeln und Gliedern besteht. Auf S. 97 wird eine Arbeitsanweisung
für die Suche im Internet gegeben und dann ein Rechercheergebnis abgedruckt.
Ansonsten finden sich lediglich noch zwei Zeitungstexte in dem Band.

Das Textsortenverzeichnis von *Tandem* (R, 1995) zeigt den geringen Anteil von
Medientexten. Es kommen lediglich Zeitungsartikel, eine Anweisung zur
Computereinrichtung und ein Textverarbeitungstext vor. Auch das Inhaltsverzeichnis enthält keinen Hinweis auf eine gesonderte Behandlung von Medien
und Medientexten. Der Schwerpunkt liegt auf literarischen Texten, Sachtexten
und der Integration von (literarischer) Text- und Spracharbeit (Grammatik und
Textschreiben).

Das Oberstufenlesebuch *Facetten* benennt „Medienvielfalt" explizit als einen
seiner Schwerpunkte. Das Inhaltsverzeichnis spiegelt bereits den Stellenwert
elektronischer Medien:

> THEMA „ZEIT" –
> UMGANG MIT SACHTEXTEN
>
> 1. Vorwissen und Ideen zu einem Thema entfalten – Ideenbörse zum Thema „Zeit"
> 2. Informationen zu einem Thema recherchieren
>   2.1 Nachschlagen – in Lexika, Wörterbüchern und CD-Rom-Enzyklopädien recherchieren
>   2.2 Bibliografieren – in Katalogen und Datenbanken suchen
>   2.3 Hyperlesen – im Internet surfen oder navigieren

Es enthält des weiteren ein eigenes Medienkapitel „MEDIEN: ERFAHRUNGEN UND REFLEXIONEN" mit Mediengeschichten von F. C. Delius oder U. Eco, einer Fallstudie zu Talkshows und Texte zur Mediennutzung und -reflexion. Im Kapitel zur „LITERATURVERFILMUNG" geht es um U. Ecos „Der Name der Rose".

Neue Tendenzen z. B. in *Deutsch plus* gehen dahin, Medien nicht in eigene Kapitel auszusondern, sondern sie integrativ mit anderen Lernbereichen zu verknüpfen.

Das Lesebuch *Seitenwechsel* enthält ein Medienmagazin pro Band, das jeweils einen unterschiedlichen Schwerpunkt setzt und das den jeweiligen Medientexten und –themen vielfältige, produktionsorientierte und medientypische Aufgaben zuordnet. (Siehe nachstehende Tabelle.)

Seitenwechsel (G: Medienmagazin)

Bd. 5	Bd. 6	Bd. 7	Bd. 8	Bd. 9	Bd. 10
M: Buch	M: Fernsehen	M: Computer	M: Zeitung	M: Literaturverfilmung	M: Internet
Ziele: Auseinandersetzung mit Lesen	Ziele: Thematisierung von TV-Konsum	Ziele: kritische Auseinandersetzung	Ziele: Einblick in Machart/ Aufbau von Zeitungen	Ziele: Kennenlernen des www als Informationsquelle und Publikationsmedium	Ziele: Nutzung neuer Kommunikations-/Mitteilungsformen, Informationsbeschaffung
A: Vorstellen von Bibliotheken	A: Fragebogen erstellen zum eigenen Fernsehverhalten	A: Text-, Datenverarbeitung	A: Zeitung herstellen, Artikel schreiben, Recherche, Schreibarbeit, Layout am PC	A: eigene Drehbuchsequenz entwickeln, Produktion von Szenen	A: schuleigene Homepage entwickeln, E-Mail-Korrespondenz, Recherche

Wie sich Lesebücher, die für verschiedene Schulformen gefasst sind, in der Behandlung von Medien unterscheiden, verdeutlicht ein Vergleich zwischen *LEO* und Lesebüchern für das Gymnasium. *LEO* ist für die Hauptschule und Gesamtschule entwickelt worden und enthält kein eigenes Medienkapitel. Einzelne Medientexte sind in thematisch aufgebaute Sequenzen integriert. Typische Medientexte in den Jahrgangsbänden 5–8 sind: Bildgeschichten, Comic, Klappentexte, Cover, Zeitungsanzeigen, Zeitungsartikel, Hörspiel und Reportage. Der quantitative Anteil von Medientexten im Vergleich zu Sachtexten und literarischen Texten hält sich in Grenzen. Es sind pro Band jeweils nur einzelne Medientexte integriert. Eine Bildgeschichte von Schulz ist in Bd. 5 dem Thema „Geschichten über uns" zugeordnet. Zeitungsartikel und Klappentexte zu einem Jugendbuch sind in Bd. 7 dem leitenden Thema „Gewalt" integriert. Zum Thema „Zugunglück" werden ein Hörspiel sowie eine Reportage und ein historischer Zeitungsartikel verwendet. Die Besonderheit dieses Lesebuchs liegt nicht nur darin, dass es sich auf die Hauptschule bezieht, sondern dass die sprachlich heterogene Zusammensetzung in Klassenräumen und die Lernervoraussetzungen von Schülern nicht-deutscher Herkunftssprache in den Inhalten, den Bildern und der Aufgabenstellung sowie der Textauswahl berücksichtigt werden. Der Schwerpunkt liegt auf Lese- und Spracharbeit. Vor diesem Hintergrund stehen die neueren Medien nicht im Mittelpunkt des Interesses dieses Lesebuchs.

Das Inhaltsverzeichnis von Lesewerken und der Index zu den verwendeten Textarten im Anhang geben Aufschluss über den Stellenwert von Medien und der Umgangsweise mit den verschiedenen Medien. Weiteren Einblick gibt in der Regel die Konzeptionsbeschreibung zu den einzelnen Lesebüchern, so dass der Benutzer sich rasch orientieren kann. Tendenziell ist bei der jüngeren Lesebuchgeneration eine verstärkte Hinwendung zu den elektronischen Medien zu verzeichnen. Bildgeschichten und Cartoons gehören zum festen Bestand der Jahrgangsbände 5/6, Hörtexte sind eher in den Hintergrund getreten, während der Film und die Zeitung zum Repertoire von Lesebüchern gehören, die einen Akzent auf Mediennutzung legen.

Ein stärkeres Gewicht gegenüber älteren Lesebüchern erhält die Entwicklung medienspezifischer Fertigkeiten: Textproduktion, -verbreitung und -gestaltung. Die Intentionen zielen auf eine kritische Auseinandersetzung mit Medien und der Entwicklung der Medienlandschaft, Reflexion der eigenen Medienerfahrung und Rezeptionsgewohnheiten sowie die kritische Auseinandersetzung mit medialen Inhalten wie Talkshows und Internet-Kommunikation.

Medien in: *Leseland* **(Metzler-Verlag 1993, Ausgabe N)**

Band 5	Band 6	Band 7	Band 8	Band 9
• Kap. zu Büchern – Comic – Informationstexte zu Büchern – Klappentexte – Interview mit einer Autorin	• Kap. zu Klassenzeitung – Schreiben von Bericht, Nachricht, Reportage, Interview	• Kap. zum Hörspielprojekt – Gattungsvergleich – Erzähltext – Dialog – Einführen von Fachtermini	• Kap. zur Nachricht – Depesche – TV-Nachricht – lit. Texte über Nachrichten	• Kap. zur Zeitung – kritische Texte über Zeitungen
• Kap. zur Werbung – 1 Werbeseite – 1 Werbegeschichte – 1 Bildgeschichte – Texte über Werbung	• Kap. zur Buchverfilmung – lit. Textvorlagen – Texte über Filmwerbung, Verfilmung	• Kap. zum Computer – Geschichten über Computer – Text über eine Programmiersprache • Kap. zur Klassenzeitung – Collage aus Zeitungsdeckblättern – Impressum – Zeitungsartikel – Interview	• Kap. zur Werbung – Geschichte über Werbung – Anzeigen – Werbebericht – Satiren – Gedicht über Werbung – Graffiti	• Kap. zum Film – Szenenfoto – Text über Filmmittel – Texte zur literarischen Vorlage-Verfilmung – Drehbuchauszug – Filmbild – Interview – Sachtext zum „Drehbuch"

2.8 Design

Unter Design werden die inneren und äußeren Gestaltungsmerkmale eines Lesebuchs verstanden. Zum äußeren Design gehören: Einband, Format, Umfang, Gewicht, Papierqualität und der nicht bedruckte Teil eines Lesebuchs (der weiße Raum). Unter innerem Design versteht man die Typographie (Schriftgröße, -type, -stärke), Zeilenlänge, Farbe (Farbton, farbige Unterlegung, Farbhelligkeit, -sättigung) und Grafik (Fotografien, Zeichnungen, Schemata, Diagramme).

Die äußere Gestaltung eines Lesebuchs hat eine wichtige Gliederungs- und Orientierungsfunktion für den Leser. Das Layout stützt die innere Struktur eines Lesebuchs. Wenn man sich die Lesebücher der vergangenen 40 Jahre anschaut, so ist eine zunehmende Farbgestaltung und Ausstattung mit Bildern/Illustrationen zu verzeichnen, die eine unterschiedliche Funktion erfüllen. Der Einsatz visuell-gestalterischer Mittel steht in enger Verbindung mit der zugrunde liegenden Konzeption von Lesewerken. Insbesondere integrierte Lesewerke, die mit einem aufwendigen Übungsapparat und einer Vielzahl unterschiedlicher Textsorten arbeiten, sind darauf angewiesen, ihren inneren Aufbau und den Zusammenhang zwischen den Lernbereichen durch eine entsprechende Farbgebung und Gestaltung zu untermauern, damit der Leser sich in dem Lesebuch zurechtfindet und sich darin bewegen kann. Im Folgenden werden die wichtigsten gestalterischen Mittel dargestellt und ihre Funktion an prägnanten Beispielen aus Lesebüchern veranschaulicht. Zunächst jedoch werden leitende Fragestellungen vorangestellt.

Prüffragen zum Design

1. Welche Bildtypen werden in welcher Häufigkeit verwendet?
2. Welche Funktionen haben die einzelnen Bildtypen?
3. Wie ist der Seitenaufbau des Lesebuchs?
4. Welche Rolle spielen Farben im Lesebuch?
5. Wie werden Schrift und Schriftgröße eingesetzt?
6. Spielt die Linienführung eine Rolle?
7. Welche Funktion haben grafische Symbole?
8. Welche didaktische Funktion haben die verschiedenen gestalterischen Mittel in dem Lesebuch?
9. Wie ist der optische Eindruck des Gesamtlesebuchs auf Sie?

2.8.1 Bildtypen

Es werden verschiedene Bildtypen voneinander unterschieden.

2.8.1.1 Darstellende Bilder

Alle Formen von Visualisierungen, die eine unmittelbare Ähnlichkeit mit Gegenständen der Realität aufweisen, zählen zu den darstellenden Bildern. Dazu gehören die Karikatur, Cartoons, Piktogramme, die Collage und Symbole. Beispiel für eine Collage:

Unterwegs 8 (1996), Kapitelseite

2.8.1.2 Logische Bilder

Unter logischen Bildern werden Visualisierungen abstrakter und komplexer Zusammenhänge verstanden. Es besteht keine direkte bildliche Entsprechung zu Gegenständen der Wirklichkeit. Zu logischen Bildern werden gerechnet: Schema, Diagramm, Grafik, Schaubilder, Tabelle.

Ein Beispiel für ein Schema:

Zeile	Inhalt/Handlungsebenen	Auslöser für die Rückblende
1-16	Aktuelle Erzählzeit: Edgar (Pille) sitzt im Klassenzimmer und sieht ein Auto vorfahren. Der Deutsch- und Geschichtslehrer zeigt Dias von Anne Frank.	„Grönaz heißt nicht Grönaz ..." (Z. 10-14)
16-31	Rückblende 1: Wie der Lehrer zu seinem Spitznamen gekommen ist.	
...	...	...

Deutschbuch 9 (1999, 185)

Schaubild:

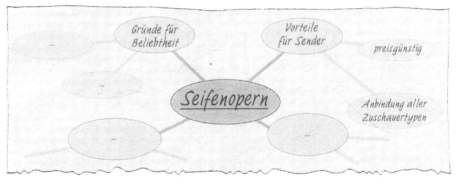

Deutschbuch (9 (1999, 296)

2.8.1.3 Zeichnungen

Die Erscheinungsformen von Zeichnungen reichen von Piktogrammen bis zu reichhaltigen und vielschichtigen Bildern. Sie können schwarz-weiß oder farbig gestaltet sein.

Magazin 8 (2000, 54)

2.8.1.4 Foto

Das Foto ist ein beliebtes Mittel in Lesebüchern und vermittelt den Eindruck einer größeren Nähe zur Realität und der größeren Objektivität. Typisch sind Fotografien von Autoren oder bestimmten Szenerien, bisweilen werden auch Dokumente oder der Klappendeckel eines Buches abfotografiert.

Leseland 9 (1992, 186)

Langgässer, Elisabeth (eigentl. E. Hoffmann)

geboren am 23.2.1899 in Alzey, gestorben am 25.7.1950 in Rheinzabern

2.8.2 Bildfunktionen

Illustrationen in Lesebüchern erfüllen verschiedene Funktionen, die im Zusammenhang mit der spezifischen Intention eines Lesebuchs und der anvisierten Zielgruppe betrachtet werden müssen. Die motivationale und die Aufmerksamkeit des Lesers bindende Funktion teilt sie mit anderen Medien, darüber hinaus jedoch können Illustrationen Lernprozesse in Gang setzen und unterstützen. Folgende Funktionen lassen sich unterscheiden:

a) Motivation

b) eine texterschließende Funktion

c) eine textentlastende Funktion

d) Sprech- und Schreibimpuls

e) Auflockerung/Illustration

f) bildliche Umsetzung von Textinhalten

g) Anschaulichkeit/visuelle Verstehenshilfe

h) eine das Textverständnis unterstützende Funktion

i) Gegenstand einer Analyse

j) Teil einer Aufgabe

k) Gliederungs-/Orientierungsfunktion

Zu a): Motivation

Bilder können Affekte freisetzen, Neugierde wecken und eine Bereitschaft erzeugen, sich auf Gegenstände einzulassen. Von identifikatorischen Möglichkeiten macht die Lesebuchproduktion Gebrauch, indem sie Figuren ins Bild setzt, die in ihrem Outfit, ihrer Typisierung und Haltung Eigenschaften transportieren, die anziehend wirken.

Zu b): texterschließende Funktion

Der Bildeinsatz zur Erschließung eines Textes ist in Lesebüchern selten aufzufinden. Dagegen nutzen fremdsprachliche Lehrwerke Bilder zur Semantisierung von Textinhalten, für die sprachliche Mittel noch nicht zur Verfügung stehen, viel häufiger.

Zu c): textentlastende Funktion

Illustrationen vor einem Text können den zu lesenden Text dadurch entlasten, dass sie zentrale Begriffe/Wörter ins Bild setzen und damit einen Erwartungs- und Verständnishorizont erzeugen, der die Lektüre erleichtert. Solche Hilfestellungen sind vor allem für leistungsschwächere Schüler relevant. In *LEO* 8 (2001, 42) wird einem Text über Vorurteils- und Stereotypenbildung die folgende Zeichnung vorangestellt:

Beispiel: *LEO* 8 (2001, 42)

Zunächst soll erarbeitet werden, welche Völker die Figuren repräsentieren und durch welche Merkmale die Typisierung erfolgt. Vor diesem Hintergrund wird der Text gelesen und erschlossen.

Zu d): Schreibimpuls

Um auf das Thema einer Sequenz einzustimmen, wird diese häufig in Lesebüchern durch eine Bild- oder Text-Bild-Seite eröffnet. Diese Seiten bilden vielfältige Anlässe fürs Sprechen und Schreiben: Assoziationen ausdrücken, Hintergrundwissen aktivieren, Meinungen äußern, Stellung beziehen.

Zu e): Auflockerung/Illustration

Viele Zeichnungen in Lesebüchern dienen rein illustrativen Zwecken. Sie lockern die Seite auf, sie binden die Wahrnehmung des Lesers, sie wecken Neugierde und machen Textinhalte anschaulich und lebendig.

Zu f) Bildliche Umsetzung von Textinhalten

Oft wird eine Figur oder eine bestimmte Szene ins Bild gesetzt, die den Auftakt für die Auseinandersetzung mit einem Text bildet, indem sie zu Hypothesen über den Inhalt einer Geschichte anregt. Eine andere Form der Bild-Text-Gestaltung findet sich in *Das lesende Klassenzimmer* 5 (1997, 99), wo Strukturelemente des Märchens (Auszug in die Welt, glückliches Ende) verbildlicht sind und der Lerner Bild und Märchenteile einander zuordnen soll.

Zu g): Anschaulichkeit/visuelle Verstehenshilfe

Ein Beispiel dafür, dass Fotos und Zeichnungen nicht illustrativen Zwecken dienen, sondern eine instruktive Funktion haben, bietet das Lesebuch *LEO* 6 (2000, 96). Dort sind einem Text über den Vesuvausbruch Fotos vom zerstörten Pompeji und eine Zeichnung, die das alte Pompeji rekonstruiert, zugeordnet. Solche Fotos bieten nicht nur eine Verständnishilfe für den Text, sondern geben Einblick in die Geschichte. Ohne eine solche Veranschaulichung wären die historischen Bilder aus dem Text allein nicht zu rekonstruieren.

Zu h): Textverständnis unterstützende Funktion

Die logischen Bilder können je nach Platzierung und Intention eine unterschiedliche Funktion einnehmen. Tabellen oder Schemata, die einem Text zugeordnet sind, fassen in knapper gebundener Form bestimmte Textinhalte zusammen oder ergänzen eine Textinformation in übersichtlicher und konzentrierter Form. Schaubilder oder schematische Abläufe sind oft Teil von Aufgabenstellungen und müssen nach einer Mustervorgabe von Lernern vervollständigt werden. Auch hierbei werden bestimmte Handlungsabläufe und Beziehungen zwischen Figuren bei literarischen Texten in knapper übersichtlicher Form zusammengestellt. Schaubilder haben ebenfalls die Funktion, nicht nur Textinhalte, sondern auch Arbeitsvorgänge in komprimierter Form auf den Punkt zu bringen und damit dem Lerner eine Wissensstruktur zur Verfügung zu stellen. Damit wird einerseits mit visuellen Mitteln eine Verstehenshilfe gegeben, andererseits durch die Beziehungen zwischen den Teilen, die das Schaubild veranschaulicht, ein Handwerkszeug angeboten, mit dem der Lerner auch in Bezug auf andere Lerngegenstände arbeiten kann. Logische Bilder treten gehäuft in integrierten Lesewerken auf, weil dort eine Arbeitsstruktur unterlegt wird und mehrere Lernprozesse, sprach- wie textbezogene, miteinander verzahnt sind.

Zu i): Gegenstand einer Analyse

In *Tandem* 7 (1995, 118) ist eine Fotografie selbst Gegenstand einer Aufgabe. Die Kameraeinstellung, Vorder-/Hintergrund etc. sollen im Foto untersucht werden. Beispiele für die Verbindung von Arbeitsauftrag und Bild finden sich ebenfalls in *Deutschbuch* 9 (2000, 133). Dort sollen die sprachlichen Unterschiede, die Absichten und die Funktion von Texten, die auf Fotos zu sehen sind, herausgearbeitet werden.

Zu j): Teil einer Aufgabe

In *Seitenwechsel* 8 (1998, 50) findet sich folgende kurze Szene mit der darunter stehenden Aufgabe:

– Stellt das Geschehen dieses Bildes als Standbild nach.
  Erfindet dazu die Vorgeschichte.
– Erfindet dazu die Nachgeschichte.
– Setzt die gesamte Geschichte in eine Spielszene um.

Seitenwechsel 8 (1998, 50)

Für die Lösung dieser Aufgabe müssen die Schüler zunächst das Bild interpretieren. Die unterschiedlichen Interpretationen sollen dann in Form eines Standbil-
des repräsentiert werden. Zu dem Dargestellten soll eine Vor- und Nachgeschichte erfunden und die gesamte Geschichte in eine Spielszene umgesetzt werden. Das Bild hat in dem Fall mehrere Funktionen für eine komplexe Aufgabenstellung und dient nicht nur illustrativen Zwecken.

Wie komplex der Bezug zwischen einem Foto, einem literarischen Text und einer
Aufgabe sein kann, zeigt das Lesebuch *Deutschstunde* 7 (1987, 180). Dort wird
ein ganzseitiges Foto, das eine Bücherei mit einem jungen Mädchen zeigt,
folgendermaßen kommentiert:

> *Sabine stöbert in der Stadtbücherei.*
> *Sie sucht etwas Spannendes zum Lesen.*
> *Und die Auswahl ist groß.*

Auf der rechten Seite steht ein Auszug aus einem Jugendkrimi mit der Frage:

> *Wer kennt das Buch, das Sabine hier entdeckt hat?*
> *Ob Sabine durch diese Einleitung angeregt wird*
> *weiterzulesen?*

Die Fragestellung stellt einen funktionalen Zusammenhang zwischen dem Foto und seinem Inhalt, der Lektüre und dem Leser und seinem Wissen über Lektüren und Erfahrungen her. Dieses Zusammenspiel von Bild, Text und Aufgabe steht im größeren Kontext von Leseförderung und –sozialisation und zielt darauf, Institutionen der Leseförderung mit Leseverhalten (Suchen in der Bücherei, Blättern, Anlesen) zu verbinden.

Zu k): Gliederungs-/Orientierungsfunktion

In einigen Lesebüchern wird jeweils ein Kapitel mit einem farbigen Deckblatt eingeleitet, wie z. B. in *lesenswert 7*, wo pro Kapitel ein Bild mit dem Thema des Kapitels benannt wird und jeweils ein Farbhintergrund, der von Kapitel zu Kapitel wechselt, mitgegeben wird (blau, gelb, rot, grün etc.). Auch in *Unterwegs, Deutsch plus, Deutsch* u. a. werden Kapitel oft ganzseitig durch ein Kunstbild und die Themenennung mit wechselnder farblicher Unterlegung eingeleitet. Bisweilen besteht das Deckblatt aus Kollagen aus Fotos, Illustrationen und ist schwarz oder farbig gestaltet. Durch farbige Bildseiten wird das Lesebuch optisch untergliedert und dem Leser eine Orientierung über den Beginn einer neuen Sequenz und das Ende einer vorhergehenden gegeben. Sie führen gewissermaßen den Leser wie ein Wegweiser durch das Lesebuch und stimmen auf das Thema eines Kapitels ein.

Der Name *LEO* steht nicht nur für den Titel eines Lesebuchs, sondern bezeichnet auch eine Leitfigur, die jeweils auf dem Umschlag der einzelnen Bände zu sehen ist, und zwar in unterschiedlicher literarischer Gestalt: Münchhausen, Napoleon oder ein Löwenjäger. Im selben Lesebuch sind den einzelnen Kapiteln auch kleine Minibilder zugeordnet, die thematisch ausgerichtet sind. Sie stehen einmal im Inhaltsverzeichnis zu den Kapiteln und innerhalb des Lesebuchs zur Eröffnung der Kapitel, aber auch im fortlaufenden Text auf den oberen Seiten links, rechts oder auf den Innenseiten.

2.8.3 Seitenaufbau

Auch der Seitenaufbau ist ein wichtiges gestalterisches Mittel in Lesebüchern. Einmal kann der Fließtext auf einer ganzen Seite von einer Randlinie eingerahmt werden, wie z. B. in *Tandem*. Ein weiteres Gliederungsprinzip ist die

Unterteilung einer Seite in einen oberen und unteren Bereich, denen jeweils unterschiedliche Funktionen zukommen. In *Tandem* finden sich die Texte im oberen und die Aufgaben im unteren Seitenbereich. Eine andere Gliederung ist nicht die oben/unten-Grenzziehung auf der Seite, sondern die links/rechts-, indem eine von unten nach oben gehende Linie einen breiten Seitenrand vom Fließtext abgrenzt. Innerhalb dieses Seitenrandes stehen häufig biografische Informationen zu Autoren, kleine Fotos oder Worterklärungen und Aufgaben (*Seitenwechsel*).

2.8.4 Farben

Außer Illustrationen und wechselnden Schrifttypen/-größen übernehmen Farben eine zentrale wegweisende Rolle in Lesebüchern. Das *Hirschgraben-Lesebuch* verwendet Farben, um bedeutungsvolle Textteile damit zu markieren. Innerhalb von Texten werden Zeilen, auf die Schüler achten sollen, blau unterstrichen. Textteile, die besonders bedeutungsvoll sind, werden gelb unterlegt. Aufgaben und Fragen wiederum sind farblich rot unterlegt. Diese Farbmarkierung hat eine den Leseprozess und das Erkennen von wichtigen Informationen stützende Funktion für den Lerner und steht in unmittelbarem Zusammenhang mit der intendierten Leseförderung.

Lesestunden baut in sein Lesebuch gleichsam als ein Reiseführer durch das Lesebuch blaue Seiten ein, die Arbeitsanregungen und teilweise auch ein Wörterverzeichnis mit einem Text enthalten.

Die farbliche Untergliederung des Lesewerks spielt ebenfalls in *Deutschbuch* eine wichtige Rolle, indem den drei Lernbereichen „Sprechen und Schreiben", „Nachdenken über Sprache", „Umgang mit Texten" jeweils eigene Farben zugeordnet sind. Farbleisten am oberen Seitenrand markieren den Lernbereich, in dem der Leser sich gerade befindet.

Die wechselnde Farbunterlegung ist auch ein Mittel, um verschiedene Textsorten voneinander zu unterscheiden. Auf diese Weise werden z. B. Zeitungstexte von literarischen Texten in dem Lesebuch *lesenswert 7* voneinander abgegrenzt.

2.8.5 Schrift/Schriftgröße

Wechselnde Schriften (kursiv, fett, unterstrichen), Schrifttypen und Schriftgrößen sind weitere Mittel, die eingesetzt werden, um in einem Lesebuch verschiedene Textsorten voneinander abzugrenzen: Sachtexte, literarische Texte, Erklärungen, Textzusammenfassungen, biografische Informationen und Aufgabenstellungen. Typischerweise sind Überschriften und Zwischentitel markiert (*Lesestunden*).

2.8.6 Linienführung/Einrahmung

Die Einrahmung von Texten ist ein weiteres Gestaltungsmittel in Lesebüchern. Wie bereits erwähnt, wird in *Tandem* der laufende Text durch eine wellenförmige Linie eingerahmt. Bestimmte Textsorten, wie zusätzliche Informationen oder

Klappentexte, sind in vielen Lesebüchern eingerahmt. In *ansichten* sind Lese-
hinweise, die am Ende eines literarischen Textes stehen, markiert, indem das
Stichwort $\boxed{\text{Lesehinweis}}$ eingerahmt ist.

2.8.7 Grafische Symbole

Die Verwendung grafischer Symbole dient dazu, dem Leser eine Orientierung zu
bieten. Das Lesebuch *Seitenwechsel* verwendet im oberen Seitenteil ein grafisches Symbol für die Werkstätten und ein anderes für das Thema eines Kapitels.
Für die Klassen 5 bis 8 wird pro Thema ein eigenes farbiges Symbol auf der oberen äußeren Ecke verwendet, während für die Klasse 9 bis 10 ein farblich einheit-
liches Symbol für alle Themen eingesetzt wird aber mit unterschiedlicher Farbgebung. Auch *Tandem* arbeitet mit einem grafischen Symbol. Ein vergrößerter
doppelter i-Punkt, einmal in Grau-Schwarz und zum anderen in Grün markiert
zusammengefasstes Wissen, das Schüler einer Jahrgangsstufe erwerben sollen.
Ein zweites durchgehendes grafisches Symbol ist ein Männchen, das eine Treppe
hochgeht. Es zeigt an, wie Schüler ein Problem lösen können. An der Stelle werden Strategien zur Durchführung einer Aufgabe gegeben.

2.8.8 Didaktische Funktionen

Lesebücher stützen die jeweiligen Anforderungen an den Leser durch die Gestaltung von Aufgaben/Arbeitsanregungen, Werkstätten, Texten und Markie-
rungen innerhalb von fließenden Texten. Zeichnungen, Symbole, Farben,
Schriften und Rahmungen haben jedoch nicht nur eine orientierungsbildende
und wegweisende Funktion für den Leser, sondern gerade im Methodenteil von
Lesebüchern eine didaktische Funktion. Sie sind Mittel, um Lernprozesse zu
organisieren. Sie markieren:

– den Ort einer Lernaufgabe
– die Abfolge von Lernschritten
– Strategien und Stützgerüste (*scaffolding*) für die Durchführung einer Aufgabe
– Hintergrundinformationen für eine Lese-/Lernaufgabe.

Die Farbigkeit und die Häufigkeit des Einsatzes von Illustrationen wechseln von
Lesebuch zu Lesebuch, besonders farbenfreudig sind die Lesebücher *Magazin*
und *Seitenwechsel*. Abschließend ist festzuhalten, dass die verschiedenen gestalterischen und visuellen Darstellungsmittel zum einen eine Orientierungs- und
Gliederungsfunktion für das Lesebuch als Buch und Leitmedium für den Unterricht haben, zum anderen handelt es sich um Stimuli für das Geschehen im Unterricht und sie sind funktionalisiert in Bezug auf verschiedene Phasen des Lernprozesses. Für Lehrer sind Kenntnisse über die Funktion von Bildern im Lernprozess ebenso hilfreich wie Einblicke in Prozesse des Bildverstehens
(Weidenmann 1988), um sie sinnvoll in eine Lehr-/Lernsituation einbeziehen zu
können.

2.9 Lehrerbände

Die Hauptfunktion von Lehrerbänden besteht darin, in die Konzeption eines Lesebuchs einzuführen und seine zugrunde liegende „Philosophie" zu erläutern. Da mit Texten und Aufgaben sehr verschiedene Intentionen verbunden sein können, die an ihnen selbst nicht ablesbar sind, bedarf es der Erläuterung, welche Intentionen mit Texten und bestimmten Textelementen verbunden sind. Neue fachliche Zusammenhänge sowie die Bezugnahme auf die fachwissenschaftliche Systematik und die literaturdidaktische Position darzulegen, gehört ebenfalls zu den Aufgaben eines Lehrerhandbuchs. Themen bedürfen der didaktischen Begründung und Hinweise zur Integration von Lernbereichen sind vor allem in integrierten Lese- und Sprachbüchern unerlässlich.

Prüffragen zu Lehrerbänden

1. Wie ist der Lehrerband aufgebaut?
2. Wird einleitend die Konzeption des Lesebuchs erläutert?
3. Werden übergeordnete Lernziele zu einzelnen Sequenzen formuliert?
4. Werden Angaben zum Aufbau von Sequenzen gegeben?
5. Werden die Text-, Themen- und Gattungswahl und Methodenvorschläge begründet?
6. Werden didaktische Absichten, die mit bestimmten Textmerkmalen verbunden sind, erläutert?
7. Werden andere Strukturkomponenten des Lesebuchs, wie Bilder oder Grafiken, in ihrer Intention erklärt?
8. Wie differenziert sind die Angaben?
9. Wird Bezug genommen auf Lehrpläne und die dort formulierten Zielsetzungen?
10. Werden Lösungsvorschläge unterbreitet und erörtert?
11. Werden alternative Umgangsformen mit einem Text angeboten?
12. Gibt es Hinweise auf eine Leistungsdifferenzierung?
13. Werden Unterrichtsmodi und Möglichkeiten der Unterrichtskommunikation vorgestellt?
14. Werden Arbeitsvorschläge zu Texten gemacht?
15. Werden Unterrichtseinheiten vorgeschlagen?
16. Werden zusätzliche Materialien/Hintergrundinformationen zu Texten, Autoren, zur Literatur- und Zeitgeschichte gegeben?
17. Werden Arbeitsblätter angeboten?
18. Werden weiterführende Anregungen zur Arbeit mit dem Lesebuch und Lektürevorschläge gegeben?
19. Wird Fachliteratur zu einzelnen Sequenzen empfohlen?
20. Welches Format haben die Lehrerbände? Liegen sie als Printfassung vor oder in Form eines Ringordners?

In ihrem Aufbau, ihren methodischen Anregungen und der möglichen Vorgabe von Unterrichtsplänen weisen Lehrerbände dem Lehrer eigene Rollen zu, über die es in der Fachliteratur eine kontroverse Debatte gibt (Hacker 1980). In der einen Richtung wird darauf Wert gelegt, die Handlungsspielräume des Lehrers offen zu halten, indem Vorschläge zur konkreten Arbeit mit dem Lesebuch gemacht werden, aber auf eine Vorstrukturierung von Unterricht verzichtet wird. Lehrerbände verstehen sich in dieser Perspektive als offene unterrichtsbegleitende und -stützende Angebote. Die andere Richtung dagegen bietet Handlungsanleitungen und eine Struktur für die Unterrichtsplanung und -organisation. Für den Umgang mit dem Lehrerhandbuch bietet sich das obige Analyseraster (S. 101) an.

Nicht alle Lehrerbände greifen die dort genannten Aspekte auf und unterbreiten entsprechende Vorschläge. Z. B. zu *Wort und Sinn* existiert entsprechend der Absicht der Herausgeber, der Kreativität der Lehrenden keine Beschränkungen aufzuerlegen, kein Lehrerhandbuch. Es handelt sich bei diesem Lesebuch um ein offenes Text- und Aufgabenangebot, das Lehrende nach eigener Intention und entsprechend ihren Rahmenbedingungen flexibel handhaben können.

Einem Lesebuch liegt ein eigenes Modell von Unterricht zugrunde und die Lehrerhandbücher entwerfen in der Art und Weise, wie sie Anregungen geben für den Umgang mit dem Lesebuch, durch Arbeitsaufträge Lernwege vorzeichnen und Lehrhandlungen definieren, didaktische Modelle und Lehrprofile. Im Folgenden werden exemplarisch einige Lehrerbände vorgestellt, wobei die oben genannten Prüffragen zugrunde gelegt werden.

Begonnen wird mit dem Lehrerband zu *Leseland* (Metzler-Verlag Bde. 5–7, 1992; Bd. 8/9, 1993):

Der Lehrerband gliedert sich in ein Vorwort, in dem die Konzeption des Lesebuchs dargelegt wird, einen *Teil I* mit Erläuterungen und Arbeitshilfen und einen *Teil II*, der ergänzende Hinweise und Arbeitshilfen für Lehrende speziell in den neuen Bundesländern enthält.

Das Vorwort besteht wiederum aus drei Teilen:

1. Zur Konzeption und zum Aufbau von LESELAND.
2. Zur Umsetzung des literaturdidaktischen Ansatzes.
3. Hinweise zur Unterrichtsplanung und Benutzung der Lehrerbände.

Jeder Lehrerband eines Jahrgangsbandes legt den einzelnen Kapiteln die gleiche Struktur zugrunde:

1. Zur Intention der Sequenz
2. Zum Aufbau der Sequenz
3. Zu den Texten
4. Weitere Texte zum Thema
5. Literatur

Dem Lehrer wird damit eine klare Orientierung an die Hand gegeben. Je nachdem, welche Informationen und Arbeitsanregungen er zu welchem Band und zu
welcher Sequenz sucht, kann er sich innerhalb des Lehrerbands leicht zurecht-
finden. Positiv hervorzuheben ist, dass der Band Informationen und Anregungen enthält, die über das Text- und Methodenangebot des Lesebuchs hinausge-
hen, wie geschichtliche Hintergrundinformationen oder Fachliteratur zu einem
Thema. Somit hat der Benutzer die Möglichkeit, sein eigenes Wissen zu vertie-
fen, weitere Quellen für sich aufzuschließen und für den Unterricht nutzbar zu
machen. Arbeitsanregungen legen den Schwerpunkt auf die Texterschließung
und gehen in die Beschreibung der Texte ein. Unterrichtseinheiten werden nicht
angeboten. Der Lehrerband hat ein handliches DIN-A5-Format und ist fest
gebunden.

Lehrerband zu *Treffpunkte* (Schroedel-Verlag Bd. 5/6, 1989; Bd. 7, 1990; Bd. 8,
1991; Bd. 9, 1992):

Der Lehrerband zu *Treffpunkte* enthält für jede Sequenz des Lesebuchs ein
Kapitel. Diese Gliederung wird bereits am Inhaltsverzeichnis deutlich: Einlei-
tung, DIE MAGAZINE, DAS LESETRAINING, DIE WERKSTÄTTEN,
DIE THEMATISCHEN SEQUENZEN. Die Kapitel sind parallel aufgebaut.

1. Informationen zur Sequenz
2. Unterrichtshilfen mit den Teilaspekten:
   - Ziele/Intentionen für Texte
   - Knappe Analyse eines Textes
   - Zu bearbeitende Fragestellungen
     (Interpretationsfragen zu Texten, Textsortenmerkmale etc.)
   - Methodenvorschläge
   - Anregungen zum Einbeziehen von Schülererfahrungen
   - Zusatztexte, Schülertexte
3. Übersichtstabellen: Texte und Intentionen
4. Bei Werkstätten: Begründung von Methodenvorschlägen
5. Arbeitsblätter

Entsprechend der Konzeption von *Treffpunkte* werden viele operative Verfahren
vorgeschlagen und insbesondere zum Lesetraining die anvisierten Teilziele, wie
stilles Lesen oder Informationsentnahme, übersichtlich angegeben und geordnet. Eine weitere Begründung von Methoden steht nicht in diesem Teil des Lehrerhandbuchs, sondern im Vorwort. Beispielsweise werden zu dem Text „Nachrichten vortragen" [in *Treffpunkte* 8 (1991, 14)] die folgenden Ziele genannt:
Sprachausdruck, Sprecherziehung, Vortragen. Dem Text „einen Reiseprospekt
auswerten" werden die Ziele zugeordnet: Lesegenauigkeit, Sprachausdruck,
Vorlesen. Zusatztexte werden ebenfalls zum Lesetraining und einigen Zielsetzungen gegeben. In einigen Lehrerhandbänden werden zur Lyrikwerkstatt Fra-
gestrategien in einer Übersichtstabelle zusammengestellt, die eine doppelte

Funktion haben: Sie geben dem Schüler eigene Strategien für den Umgang mit Gedichten an die Hand und bieten dem Lehrer eine Grundlage für seine Unterrichtsarbeit.

Bei den Unterrichtshilfen werden keine strikten Vorgaben getroffen, sondern die Stillage ist empfehlend, vorschlagend, integriert Unterrichtserfahrung, öffnet Optionen und überlässt letztlich dem Lehrer die Entscheidung, was er wie im Unterricht macht. Insofern handelt es sich um einen klar strukturierten Lehrerband, der didaktische Wege zeigen möchte, anregt, aber nicht präskriptiv ist. Arbeitsblätter liefert der Lehrerband nicht, ebenso wenig wird Fachliteratur zu einzelnen thematischen Sequenzen empfohlen. Das Format ist DIN A-5 und der Lehrerband liegt als Printfassung vor.

Lehrerband zu *Seitenwechsel* (Schroedel-Verlag Bd. 5/6, 1999; Bd. 7/8, 2000; Bd. 9/10, 1999):

Bei *Seitenwechsel* sind jeweils zwei Jahrgangsstufen in einem Lehrerband zusammengefasst. Insgesamt ist er knapp gehalten. Das Format ist DIN A5. Die Lesebuchkonzeption wird nicht erläutert. Zu den Einheiten werden übergeordnete Lernziele angegeben, jedoch nicht zu den einzelnen Texten. Überlegungen zur Methodik fehlen gänzlich. Anregungen zur fächerübergreifenden Arbeit finden sich im Lehrerheft zu den Themen „Forschung – Risiken und Chancen" (Bd. 10) und „Leben im Mittelalter (Bd. 7). Zur Arbeit mit den Werkstätten des Lesebuchs wird vorgeschlagen, sie nicht als Ganzes zu behandeln, sondern in kleinere Unterrichtssequenzen aufzuteilen und diese im Laufe eines Schuljahres zu behandeln.

Lehrerkommentar zu *Facetten* (Klett-Verlag 2001):

Zu dem Lese- und Arbeitsbuch *Facetten*, das Basiswissen für die Sekundarstufe II bereitstellt, gibt es keinen eigenen Lehrerband, aber der Verlag bietet eine ausführliche Beschreibung der Konzeption und Kommentierung einzelner Sequenzen online:

www.klett-verlag.de/lehrer/deutsch/facetten/konzept.htm

Hier werden der Aufbau des Lesebuchs vorgestellt und die spezifischen Intentionen und Schwerpunktsetzungen von *Facetten* u. a.:

- methodisch geführte Begleitung von Schreibprozessen
- Förderung selbstständigen Arbeitens
- Lesen – Leseförderung
- Einbeziehung von Weltliteratur
- Konzentration auf Epochenumbrüche
- Thematisierung von Mehrsprachigkeit
- Blick auf die moderne Medienvielfalt

Zu jedem Kapitel liegt eine Beschreibung der jeweiligen Intentionen vor. Beispielsweise werden zum Kapitel LESEN-LESEN-LESEN folgende Zielsetzungen angegeben: Wecken von Leselust, Ermöglichen von Leseerlebnissen durch die Texte zum Thema *Lesen*. Biografische Skizzen im Abschnitt „Lebenslänglich Bücher" sollen Schüler zur Auseinandersetzung mit Personen, deren Leben durch Bücher geprägt ist, und zum Vergleich mit eigenen Leseerfahrungen anregen.

Didaktische Zielsetzung des Unterrichtsvorhabens ICH/NATUR – UMGANG MIT GEDICHTEN besteht darin, vielfältige Zugangs- und Vergleichsmöglichkeiten zu eröffnen, Auseinandersetzung mit der Haltung des lyrischen Sprechers, Heranführen an epochentypische Sichtweisen und Gestaltungsformen. Die Zielsetzung wird in vier Schritten realisiert:

1. Erfahrung mit Gedichten
2. Anleiten zum Verstehen und Beschreiben von Gedichten
3. Erarbeiten methodischer Schritte für eine schriftliche Gedichtinterpretation
4. Ermöglichung eines kreativen Umgangs mit Gedichten in der Gedicht-Werkstatt

Entsprechend dem dreigliedrigen Aufbau des Lesebuchs, das im ersten Teil ausgearbeitete didaktisch-methodische Sequenzen enthält, unterbreitet der Lehrerkommentar kaum konkrete Arbeitsvorschläge, dafür jedoch ausführliche Begründungen.

Lehrerhandbuch zu *Lesen Darstellen Begreifen* (Cornelsen-Verlag Bde. 5,6, 1993; Bde. 7–9, 1994; Bd. 10, 1995):

Wie das Lesebuch ist auch das Lehrerhandbuch nach einer Einführung in die Konzeption in sieben thematische Arbeitskreise untergliedert. Jeder einzelne Arbeitskreis hat einen wiederkehrenden Aufbau: Er ist zunächst dreigeteilt in die großen Arbeitsbereiche: *Lesen und Verstehen, Sprechen und Schreiben, Untersuchen und Begreifen.* Zu Anfang des Kapitels wird in einer Übersichtstabelle ein Unterrichtsplan vorgestellt, in dem zu den Texten Inhalte und Ziele benannt und methodische Hinweise aufgeführt werden.

Im Teil *Lesen und Verstehen* schließt sich an jeden Text ein Kommentar an, der aus folgenden Teilen besteht:

1. Hinweise zur Erschließung des Textes
2. Alternative/zusätzliche Vorgehensweisen
3. Schriftliche Aufgaben

In Band A9 (1994, 73) werden beispielsweise alternative Vorgehensweisen zu dem Text „Der Ernst des Lebens" von Peter Weiss angegeben:

Fragend-entwickelndes Unterrichtsgespräch
- Wie ist das Verhalten des Sohnes zu beurteilen?
- Wie unterscheiden sich Vater und Mutter in ihrem Umgang mit dem Sohn?
- Wie ist die Beziehung zwischen Eltern und Sohn zu beurteilen?
- Wie ist das Verständnis der Eltern vom „Ernst des Lebens" zu beurteilen?

In einigen Abschnitten finden sich Hinweise zur Verknüpfung der Arbeitsbereiche und zur Weiterarbeit, z. B. in Band A9 (1994, 76):

Anlage einer Wandzeitung: Deutsche Technik in Entwicklungsländern. Berichte, Reportagen, Buchbesprechungen, Hinweise auf Rundfunk- und Fernsehsendungen usw.

Die anderen beiden Arbeits-/Lernbereiche folgen einem Aufbau, der ihrer Thematik entspricht, z. B. zum Thema „Personenbeschreibung" (A 9, 31–32):

1. Personendarstellung in Personalpapieren
2. Suchanzeigen
3. Heiratsanzeigen

Am Ende eines Arbeitskreises stehen noch Hinweise zu Lernerfolgskontrollen. Das Format ist DIN A-5 und der Lehrerband liegt auch hier in der Printversion vor.

Lehrerhandbuch zu *Deutschstunden* (Cornelsen Verlag Bd. 5, 1997; Bd. 6, 1998; Bd. 7/8, 1999; Bd. 9, 2000; Bd. 10, 2001):

Zu Beginn führt das Lehrerhandbuch in die Konzeption und Gestaltung der *Deutschstunden*-Lesebände ein. Daran schließt sich ein Kommentar zu den einzelnen Kapiteln an, der folgendermaßen gegliedert ist:

1. Die Zielsetzung des Kapitels wird in wenigen Worten vorangestellt.
2. Die Konzeption des Kapitels wird erläutert.
3. Da jedes Kapitel aus zwei Teilkapiteln besteht, erfolgt eine genaue Beschreibung der Teilkapitel, beginnend mit der Einstiegsseite werden einzelne Texte kommentiert.
   - Danach wird jede Aufgabe des Lesebuchs erläutert. Es handelt sich dabei um eine ausführliche Darlegung der Intention der Aufgabe, die zugleich eine Interpretation des Textes bietet und somit den Text in seinen Inhalten, Problemen und möglichen Fragestellungen expandiert.
   - In einigen Fällen werden zusätzliche Aufgabenstellungen, Textbearbeitungsschritte oder mögliche Gruppenergebnisse der Unterrichtsarbeit grau unterlegt und damit von dem Fließtext abgehoben.

4. Als weiterer Gliederungspunkt der Kapitel gibt es Hinweise zur Differenzierung. Hier werden dem Lehrer Tipps gegeben, welche Texte oder Teilkapitel entsprechend der inhaltlichen Fokussierung ausgelassen werden können.

5. Unter dem Titel „Querverbindungen im Lesebuch" werden thematische Hinweise auf andere Lesebuchkapitel und Texte gegeben, z. B. im Lehrerhandbuch 7 (1991, 15):

LB-Kap. 1: Freundesgruß (S. 7)
Von der Freundschaft (S. 30–31)
Freundschaftslied (S. 32–33)

LB-Kap. 3: Herren des Strandes (S. 62–68)

6. Auf Verbindungen zum Sprachbuch wird hingewiesen, wie z. B. Dialogisierungsübungen und Begriffserläuterungen zum Thema *Freundschaft*.

Am Ende des Lehrerbandes bleibt Raum für eigene Notizen des Lehrers. Die Besonderheit dieses Lehrerhandbuchs liegt in der ausführlichen Beschreibung von Aufgaben und der damit einhergehenden Art der Textinterpretation, die sukzessive Teilaspekte eines literarischen Textes herausarbeitet und damit die Bedeutungsvielfalt eines Textes hervorhebt. Zu der Erzählung „Jenö war mein Freund" von W. Schnurre wird die Aufgabe gegeben „Wärt ihr gern mit Jenö befreundet gewesen?". Dazu heißt es im Lehrerband 7 (S. 12):

Im Sinne des Wechselspiels zwischen Texterkundung und Selbsterkundung fordert diese Aufgabe die Schülerinnen und Schüler dazu auf, sowohl ihre eigene Reaktion auf die Erzählung zu befragen als auch diese Reaktion an konkreten Punkten der Erzählung festzumachen. Vor allem der kulturelle Gegensatz zwischen dem Ich-Erzähler als Leseratte aus gebildetem Elternhaus und dem naturverbundenen, streunenden Zigeunerjungen liefert Ansatzpunkte./.../Mit der Faszination, die Jenö ausübt, ist auch der Begriff gewonnen, der den Anlass für eine Entstehung dieser Freundschaft erfasst. Vertiefend wäre zu fragen, wie diese Freundschaft Gestalt und Inhalt gewinnt. Hier ist die Rolle des Vaters, vor allem seine Toleranz und Fürsorge, in den Blick zu nehmen./.../

Hier werden mehrere Aspekte der Kurzgeschichte wie „kulturelle Fremdheit", „Rolle des Vaters" thematisiert, aber auch die Beziehung der Schüler zu einem solchen Text. Ob eine derartige Textinterpretation immer von Vorteil ist und nicht auch Gefahr läuft, den Text auf eine Lesart einzuengen, bedarf jeweils der Prüfung. Es bleibt jedoch auch hier dem Lehrer überlassen, ob er lieber mit seiner eigenen Textdeutung und Aufgabenstellung arbeitet oder den Ausführungen des Lehrerbands folgt.

Des weiteren werden Schülerleistungen, die für die Durchführung von Aufgaben erforderlich sind, skizziert, wie Empathiefähigkeit, oder Voraussetzungen zur Bewältigung einer Aufgabe, z. B. Erkennen von Argumenten innerhalb eines Textes, um eine Frage nach Figuren beantworten zu können. Das Format ist DIN-A4 und es liegt eine Printfassung vor.

Lehrerhandreichungen zu *Doppel-Klick* (Cornelsen Verlag Bd. 5, 2001; Bd. 6, 2002), *Deutsch plus* (Volk und Wissen Verlag Bd. 7, 2002), *Tandem* (Schöningh-Verlag Bd. 7/8, 1999; Bd. 9/10, 2000), *wortstark* (Schroedel-Verlag Bd. 5/6, 2001; Bd. 7/8, 2001; Bd. 9/10, 2000):

Bei den integrierten Sprach-/Lesebüchern *Doppel-Klick, wortstark* und *Tandem* liegen die Lehrerhandreichungen als Lose-Blatt-Sammlung und Ringbuch vor. Die Sammlung von *Doppel-Klick* enthält 150 Kopiervorlagen. *Tandem* legt Wert darauf, dem Lehrer zuzuarbeiten und ihn in seiner Unterrichtsarbeit zu entlasten. Der Lehrerband bietet daher viele Materialien, die direkt für den Unterricht kopiert werden können, hält jedoch die Struktur für die Planung und unterrichtsmethodische Gestaltung offen. *wortstark* stellt in Übersichtstabellen die Lerninhalte eines Lesebandes und die Bezüge zu den anderen Kapiteln und dem Schüler-Werkstattheft vor. Tipps, Informationen, Vorschläge zur Leistungsüberprüfung und Unterrichtshilfen geben dem Lehrer vielfältige Anregungen und eine Grundlage für seine Entscheidungen. *Deutsch plus* (derzeit liegt nur ein Vorabteildruck des Verlags vor) liefert wiederum eine andere Variante, indem es sich nicht nur auf diskursive didaktische Begründungen beschränkt, sondern konkrete Unterrichtspläne für Einheiten von 8–10 Stunden vorstellt. Auch unterbreitet der Lehrerband Vorschläge für Klassenarbeiten.

Ein Ordner hat eine andere Funktion als eine Printversion für Lehrer. Nicht nur, dass fertige Kopiervorlagen bereitgestellt werden, sondern der Lehrer hat auch die Möglichkeit, eigene Unterrichtsmaterialien abzuheften, und kann somit der Arbeit mit dem Lesebuch seine eigene Struktur und Intention unterlegen.

Lehrerband zu *Unterwegs* (Klett-Verlag Bd. 5, 1993; Bde. 6–7, 1994; Bd. 8, 1998; Bd. 9, 1997):

Eine Variante enthält der Lehrerband zu *Unterwegs*, indem er parallel zum Lesebuch Unterrichtseinheiten vorstellt und diese in ihren Zielen und im Umfang beschreibt. Die einzelnen Lernschritte der Unterrichtseinheit werden detailliert kommentiert. In Bezug auf den ersten Teil des Lesebuchs, in dem Texte thematisch zusammengestellt werden ohne Arbeitsanregungen, erfolgt ein Kommentar zu den jeweiligen Texten mit Arbeitsanregungen für den Unterricht. Dieser Kommentar hat eine klare Gliederung und einen wiederkehrenden Aufbau, indem zunächst der Text knapp beschrieben wird, im zweiten Schritt Ziele und Intentionen benannt und im dritten Anregungen für den Unterricht gegeben werden.

Das Vorhandensein und die Gestaltung von Lehrerbänden müssen im Gesamtzusammenhang eines Leselehrwerks gesehen werden. Zu den gegenwärtig auf dem Markt angebotenen Lesebüchern gehören, bis auf wenige Ausnahmen (*LesArt, Wort und Sinn*), Lehrerhandreichungen. Bei komplexen, integrierten Lesewerken ist ein ausführlicher Lehrerband, der in die Konzeption und die Verknüpfung von Lernbereichen einführt, unverzichtbar. Vergleicht man die

Sprache und die Art der Textkommentierung und Interpretation zwischen Lehrerbänden, die für Lesebücher verschiedener Schulformen konzipiert worden
sind, so fällt auf, dass die Lehrerbände sich an unterschiedliche Lehrertypen
wenden. Sie konzipieren in ihrer Diktion, ihrem unterschiedlichen Abstraktionsgrad und in der abgestuften Tiefe der Textinterpretation jeweils eigene Lehrer-
profile. Der Lehrerband zu *LEO*, einem Lesebuch für die Hauptschule, unterscheidet sich von einem Lehrerband der gleichen Jahrgangsstufe eines Lesebuchs für das Gymnasium in seinen Ausführungen und im Schreibstil. In *LEO*
besteht die Textinterpretation eher aus einer Paraphrasierung von Textinhalten.
Offensichtlich wird den jeweiligen Ausbildungsgängen für Lehrer für die verschiedenen Schulformen Rechnung getragen.

2.10 Schülerarbeitshefte

Schülerarbeitshefte sind bedeutsam für die Arbeits-, Übungs- und Anwendungsphase im Unterricht. Sie wenden sich an den Schüler und dienen der Erprobung, Festigung und dem Transfer dessen, was durch das Lesebuch gelernt wurde. Eine wesentliche Funktion der Arbeitshefte liegt darin, dass sie dem Schüler die Selbststeuerung des eigenen Lernprozesses und der Überprüfung seines Lernprozesses in die Hand geben. Diese Eigensteuerung und -verantwortung geht vor allem auch über den schulischen Kontext hinaus, indem sie eine Grundlage für Hausaufgaben bildet. Die verschiedenen Arbeitsaufträge in den Schülerheften dienen der Intensivierung von Lernen.

Nicht alle Lesebücher bieten ein Schülerarbeitsheft an (*Lektüre, Lesezeichen, Seitenwechsel, Treffpunkte*). Zu denen, die Arbeitshefte zur Verfügung stellen, gehören: *Deutschbuch, Deutsch plus, Leseland, Magazin, wortstark* und *Doppel-Klick*. An Arbeitshefte lässt sich das folgende Analyseraster anlegen:

Prüffragen an Schülerarbeitshefte
1. Wie ist das Arbeitsheft aufgebaut?
2. Wo liegt der Schwerpunkt des Arbeitsheftes?
3. Wird auf die Verbindung zum Lesebuch hingewiesen?
4. Bietet das Arbeitsheft Lösungen an?
5. Gibt es Anhangsteile mit Grammatikhilfen, Worterklärungen, Originaltexten?
6. Werden Merkhilfen angeboten, wie Strategien, Techniken?
7. Besteht eine Leistungsdifferenzierung nach unterschiedlichen Lernervoraussetzungen?
8. Wird der Schüler direkt angesprochen?
9. Wird eine Benutzeranleitung gegeben?
10. Enthält das Arbeitsheft Arbeitsanregungen über das Lesebuch hinaus?
11. Gibt es Querverweise innerhalb des Arbeitsheftes auf andere Lernbereiche oder Arbeitsformen?
12. Wie ist das Layout/die Gestaltung des Arbeitsheftes?

Das integrierte Sprach- und Lesebuch *wortstark* legt seinen Akzent auf Themen und Werkstätten und entsprechend wird das Schülerarbeitsheft als *Werkstattheft* bezeichnet. Es ist so aufgebaut, dass es ein Kapitel für Arbeitstechniken reserviert und jeweils Werkstattkapitel anbietet zu: Lesen, Gedichte, Schreiben, Sprache. Einleitend gibt es einen Benutzerhinweis für den Adressaten dieses Werkstatheftes, der mit „du" angeredet wird. Im Werkstattheft finden sich ebenfalls Hinweise auf das Lesebuch und Querverbindungen zu anderen Texten und Arbeitsformen innerhalb des Werkstattheftes selbst. Am Ende des Werkstatheftes stehen die Lösungen und Originaltexte. Das Werkstattheft bietet eine Sammlung von Texten und Aufgaben an, denen bisweilen Worterklärungen zugeordnet sind. Die Bezugnahme auf die parallelen Seiten im Schülerband wird unterhalb der jeweiligen Kapitelüberschrift durch die Seitenangabe verdeutlicht. Das Werkstattheft hat das gleiche Format wie das eigentliche Lesebuch. Die Farbe des jeweiligen Bandes wird auch im Werkstattheft wieder aufgenommen. Das Layout im Inneren des Bandes ist schlicht gehalten. Die einzelnen Buchseiten mit Aufgaben und Texten sind jeweils blau unterlegt und pro Seite weiß eingerahmt. Bisweilen wird die Stärke der Farbe „blau" etwas abgestuft. Bei Originaltexten aus Zeitungen z. B. (Bd. 10, 2000, 37) wird der Text grau unterlegt. Ebenfalls ist die Grundfarbe der Anhangsteile grau. Den einzelnen Werkstätten ist ein kleines Logo in blauer Farbe zugeordnet, das im Inhaltsverzeichnis neben der Kapitelüberschrift steht und auf der Leitzeile jeweils wieder aufgenommen wird. Die Werkstatthefte enthalten auch Anregungen, über das Lesebuch/Arbeitsheft hinaus aktiv zu werden, wie z. B. in Bd. 9 (2001, 15):

> 4 Informiere dich über den Autor: Wann und wo er gelebt hat und welchen Beruf er ausgeübt hat. Hat irgendetwas in diesem Gedicht vielleicht etwas mit seinem Leben zu tun?

Arbeitsblätter für die Hand des Schülers und Hinweise auf die Integration der Arbeit mit dem Werkstattheft in den Unterrichtsprozess stehen dagegen im Lehrerhandbuch.

Das Lesebuch *Magazin* bietet erstmalig ein Schülerarbeitsheft an, das speziell der Leseförderung dient. Eine Besonderheit von *Doppel-Klick* besteht in der Entwicklung eines Arbeitsheftes A, das sich an Schüler mit Deutsch als Muttersprache (DaM) wendet, und eines Arbeitsheftes B für Schüler mit Deutsch als Zweitsprache (DaZ). Beide Arbeitshefte unterscheiden sich in mehreren Punkten. Im Arbeitsheft B (DaZ) sind in den Aufgabenstellungen oft Textteile weggelassen oder die Aufgabe ist sprachlich vereinfacht. Es werden zusätzliche Illustrationen und Nummerierungen als erweiterte Verständnishilfen gegeben. Die Texte sind oft kürzer und umfangreichere methodische Hilfen sollen die Bewältigung der Aufgaben erleichtern. Ein weiteres Merkmal der Arbeitshefte B besteht in zusätzlichen Erläuterungen und Vorgaben bei der Satzbildung, sowie in der Vereinfachung des Satzbaus selbst. Fragen und Tipps sowie das „Schreiben mit Geländer" erleichtern die Durchführung der Aufgaben.

Zuweilen werden in dem B-Arbeitsheft Regelanweisungen gegeben, die nicht in der A-Ausgabe stehen, so z. B. auf Seite 5 von B (2001):

(1.) Schreibe nicht unter, sondern auf der Linie.
(2.) Schreibe nicht über, sondern richtig auf der
Linie.
(3.) Schreibe nicht über den Rand.

Eine Differenzierung der Arbeitsanweisungen im Hinblick auf die unterschiedlichen sprachlichen Voraussetzungen der jeweiligen Zielgruppen spiegelt sich im Schwierigkeitsgrad der Aufgaben und dem Bereitstellen von Strukturhilfen für die B-Ausgabe. In Heft A (2001, 8) sollen Schüler zu drei vorgegebenen Bildern ihre Assoziationen zu den Bildern aufschreiben. In der Randspalte sind Wörter als Hilfestellung vorgegeben: Die Einsamkeit, die Wellen, die Insel, die Rettung etc. In der B-Ausgabe finden sich dieselben Bilder, aber die vorgegebenen Wörter wie auch die Aufgabe selbst sind modifiziert. Hier sollen die Wörter (die Wellen, der Sturm, die Rettung, die Insel etc.) den Bildern zugeordnet werden. Es wird keine freie Assoziation verlangt, sondern eine Bild-Wort Zuordnung. Abstrakta wie „Einsamkeit" und schwierige Wörter wie „Sandstrand" und „Schiffbrüchige" finden sich nicht in der B-Wortliste.

Auch die Bilder werden in der B-Ausgabe für Wortschatzarbeit und Thematisierung eingesetzt, wie es typisch ist für fremdsprachliche Lehrwerke. So findet sich in der B-Ausgabe (Bd. 5, 2001, 12) ein Kater mit einem Wollknäuel und die Wörter „das Fell", „die Streifen", „das Wollknäuel" sind dem Bild zugeordnet, was in der A-Ausgabe nicht der Fall ist. In der A-Ausgabe wird eine Beschreibung des Katers in einem fortlaufenden kohärenten Text gegeben. Daran schließt sich dann eine weitere Aufgabe an. In der B-Ausgabe steht dieser Text nicht, dafür wird der Kater in Einzelmerkmalen Zeile für Zeile charakterisiert, wobei Alternativen in den Text integriert sind.

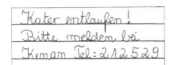

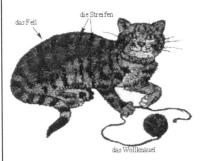

das Fell
die Streifen
das Wollknäuel

Doppel-Klick 5, Das Arbeitsheft B

Kater entlaufen

Kenan vermisst seinen Kater. Deshalb hat er im Supermarkt einen Zettel aufgehängt.

❶ Lies den Zettel.

Anna hat den Zettel gelesen. Sie trifft Kenan und fragt: „Wie kann man deinen Kater denn erkennen?"

❷ Kannst du Kenan helfen, seinen Kater zu beschreiben?
   a. Sieh dir Kenans Kater genau an.
   b. Lies die folgenden Sätze.
   c. In jedem Satz ist nur eine Möglichkeit richtig.
      Streiche die nicht passenden Möglichkeiten durch.

Der Kater heißt Minos/Charlie/Punto.
Er ist fünf Tage/fünf Jahre alt.
Er ist groß/klein.

Kater entlaufen

Kenan vermisst seinen Kater. Deshalb hat er im Supermarkt einen Zettel aufgehängt.

❶ Lies den Zettel.

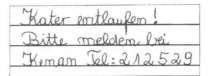

Anna hat den Zettel gelesen. Sie trifft Kenan.

❷ a. Lies den Text.
   b. Woran erkennt man den Kater?
      Unterstreiche im Text die Informationen, die auf Kenans Zettel fehlen.

Anna fragt Kenan: „Wie sieht dein Kater denn aus?" Kenan antwortet: „Er ist der süßeste Kater der Welt! Sein Fell ist braun mit grau-schwarzen Streifen. Er hat ganz weiches, kurzhaariges Fell. Gern sitzt er bei uns auf der Fensterbank. Er ist erst fünf Monate alt und noch nicht sehr groß. Am liebsten spielt er mit Wollknäueln."

Doppel-Klick 5, Das Arbeitsheft A

Die Schüler sollen die passende Möglichkeit anstreichen. Während in der A-Ausgabe die relevanten Informationen zur Katze in dem laufenden Text unterstrichen werden sollen. Auch hier sind mehrfache Strukturhilfen gegeben, die die Aufgabenstellung sprachlich erleichtern.

Am Ende des Arbeitsheftes steht der Lösungsschlüssel und ist Wissenswertes zur Rechtschreibung, Zeichensetzung und Grammatik in einem Überblick zusammengestellt. Das Arbeitsheft enthält viele Schreibaufgaben und Aufgaben zur Grammatik sowie zum Lesen. Eine Reihe von Arbeitstechniken zum Lesen ergänzt das „Projekt Lesen" im Lesebuch.

Das Arbeitsheft liegt im DIN A 4-Format vor und die einzelnen Arbeitsaufträge sind stets durch entsprechende Gliederungen und Räume für Eintragungen im Stil von Arbeitsmaterialien gehalten. Das reiche Bildmaterial ist in diesem Fall eindeutig didaktisch funktionalisiert und bildet in den B-Arbeitsheften eine Verstehens- und Sprachhilfe. Bemerkenswert ist noch, dass im Bildmaterial auf interkulturelle Inhalte Bezug genommen wird, indem z. B. Figuren aus anderen Kulturkreisen, wie der Hofnarr aus der Türkei, abgebildet werden.

Abschließend ist noch auf ein Schülerarbeitsheft zu *Deutschbuch*, das für die Realschule und das Gymnasium konzipiert ist, einzugehen. Das Schülerarbeitsheft liegt im DIN A 4-Format vor und enthält einen Lösungsschlüssel, Grundbegriffe, ein Autoren-, Quellen- und Bildquellenverzeichnis sowie Tipps zu einzelnen Lernbereichen wie Rechtschreibung am Ende des Arbeitsheftes. Im Arbeitsheft 10 (2000) findet sich Übungsmaterial zur Erschließung von erzählenden Texten und zur Gattung „Kurzgeschichte". Innerhalb des Arbeitsheftes werden neue literarische Texte aufgenommen, an denen bestimmte Erschließungstechniken, wie die Bestimmung des Erzählerstandortes und der Erzählform, exemplarisch erprobt werden sollen. Den einzelnen Texten und Aufgabenstellungen sind Gattungsbestimmungen vorangestellt sowie Definitionen zu Erzählkategorien wie Erzählform, Erzählerstandort und Erzählverhalten. Bemerkenswert an dem Schülerarbeitsheft ist, dass immer wieder auf eine methodische Kompetenz hingeführt wird, indem Lern- und Arbeitsstrategien zur Klausurvorbereitung oder zur Themenerschließung und Erzähltextinterpretationen gegeben werden. Durch die Integration von eigenen literarischen Texten und die Vermittlung von Strategien und Techniken kann dieses Schülerarbeitsheft auch unabhängig vom Lesebuch verwendet werden.

3 Arbeitsstrategien im Umgang mit dem Lesebuch

3.1 Verwendungsstrategien des Lesebuchs

Es gibt wenig empirische Untersuchungen, die den praktischen Einsatz von Lesebüchern im Unterricht prüfen. Die zuletzt erschienene Arbeit von Killus (1997) beruht auf einer Umfrage von 1988, die in vier Bundesländern an Regelschulen durchgeführt wurde und sich auf die Benutzung von Lesebüchern der 70er Jahre bezieht. Wie repräsentativ die Ergebnisse für die heutige Situation sind, ist offen, aber G. Killus stellt interessante Zusammenhänge fest, die eine Differenzierung nach Bundesländern, Schulformen und Lehrertypen/Unterrichtsstilen nahe legen und auch für die gegenwärtige Praxis aufschlussreich sein dürften.

Tendenziell neigen Lehrer, die methodisch vielfältig arbeiten, offene Unterrichtsformen bevorzugen und selbstständiges Arbeiten/Problemlösen fördern, nicht oder weniger zur Arbeit mit dem Lesebuch. Hingegen greift der Typ von Lehrer, der sich lieber auf strukturierte Vorgaben und Materialien, an denen ein Lernstoff erarbeitet werden soll, stützt, eher auf das Lesebuch zurück und integriert es in seine Unterrichtsarbeit. Die gängige Polarisierung von Schultypen, die dem Gymnasiallehrer eine primär fachwissenschaftliche Orientierung und dem Real-/Haupt- und Gesamtschullehrer eine pädagogische, schülerbezogene Orientierung zugesteht, wird durch diese Studie nicht bestätigt. Auch die Lehrer am Gymnasium zeigen ein Interesse an schülerorientierten Gesichtspunkten. Dagegen dominiert das themen- und leserbezogene Interesse von Lehrern an integrierten Gesamt- und Hauptschulen über das fachspezifische, auf literarische Bildung und kulturelle Traditionen zielende Interesse.

Die Einbindung von Lesebüchern in den Unterricht hängt von mehreren Faktoren ab: dem Fachprofil von Lehrern, ihrem Unterrichtsstil und ihrem beruflichen Selbstverständnis, den Schulformen und ihren fachspezifischen Anforderungen, materiellen Ressourcen einer Schule (Vorhandensein von Lesebuchreihen), aber auch von der Klassenzusammensetzung. Der Anteil an Schülern nicht-deutscher Herkunftssprache fordert eine starke Binnendifferenzierung und eine eigene Didaktik.

Viele Lehrer verwenden Lesebücher zur Unterrichtsvorbereitung partiell oder gar nicht im Unterricht. Es zeichnen sich folgende Nutzungsgewohnheiten ab:

1. als Unterrichtsgrundlage (vollständige Planung mit dem LB)
2. selektiver Einsatz zur Strukturierung von Teilsequenzen oder Unterrichtseinheiten:
   a) Texte
   b) Themensequenzen
   c) Werkstätten zu Gattungen
   d) Aufgaben/Übungen

3. als Unterrichtsbegleitung für einzelne Unterrichtsphasen, wie Üben oder Anwenden
4. zur eigenen Information und Weiterbildung
5. zur Eigenarbeit für Schüler (zu Hause, in Freiarbeit, Lesestunden, Projekten)

Lesebuchautoren scheinen die Nutzungsgewohnheiten von Lehrern mit einzuplanen. Viele Hinweise in den Lehrerhandreichungen betonen die Möglichkeit des partiellen und flexiblen Einsatzes von Text- und Methodenteilen. Sie geben Anregungen, welche Teile sich gut herauslösen lassen und für die Strukturierung einer Unterrichtseinheit oder von Teilsequenzen zugrunde gelegt werden können, bieten Material zur Ergänzung und verweisen auf weiterführende Arbeitsmöglichkeiten. Auf der einen Seite geben Lesebücher in ihrem Textangebot und ihren Aufgabenstellungen eine Struktur vor, auf der anderen Seite halten viele Lesebuchautoren die Handlungsmöglichkeiten des Lehrers offen, indem sie Alternativen anbieten und die unterrichtspraktische Umsetzung letztlich ihm überlassen. Moderne Lesewerke arbeiten den aktuellen fachwissenschaftlichen/-didaktischen Erkenntnis- und Wissensstand ein und sind in ihrer Text- und Methodenstruktur so differenziert, dass der Lehrer, insbesondere auch der Berufsanfänger, sie zur eigenen Fortbildung nutzen kann. Die fachwissenschaftliche Dimension geht in die Kanonbildung, Gattungsfrage, Methoden des Erschließens und Deutens von literarischen Texten ein; die fachdidaktische in die Lehr- und Lernzielorientierung, die Sequenzierung, den Richtlinienbezug, die Reduktion von Wirklichkeit, die Problemorientierung und Lehrfunktionen. Die Integration von fachwissenschaftlichen und -didaktischen Erkenntnissen und ihre Realisierung in einer Lesebuchkonzeption bietet dem Lehrer eine Überprüfung sowie Erweiterung seines professionellen Wissens und Könnens.

3.2 Zusammenhang von Lesebuch und Unterricht

Mögliche Verwendungsstrategien von Lesebüchern korrespondieren mit fachdidaktischen Funktionen und Aufgaben des Literaturunterrichts. Da Lesebücher in Übereinstimmung mit Lehrplänen konzipiert werden, können die dort formulierten Aufgaben einen Ansatzpunkt für den Einsatz eines Lesebuchs im Unterricht bieten. Am Beispiel der hessischen Rahmenrichtlinien, die schulformübergreifend aufgestellt sind, und der Lehrpläne von Nordrhein-Westfalen soll geprüft werden, welche Bildungsziele für die Sekundarstufe I benannt werden, von welchem Literaturbegriff ausgegangen wird, welchen Stellenwert einzelne Gattungen/Textsorten haben, welche Kompetenzen in der Texterschließung angestrebt werden.

Als allgemeine Aufgabe des Deutschunterrichts wird im Hessischen Rahmenplan von 1995 die Erweiterung und Differenzierung von Erfahrung, Vorstellungsvermögen und Phantasietätigkeit durch literarische Texte angegeben.

Erzählende, lyrische und dramatische Texte bilden den Unterrichtsgegenstand. Ausgangpunkt für die Auswahl der Texte, für Verfahrensweisen im Umgang mit literarischen Texten und die Bestimmung von Zielen/Aufgaben für den Literaturunterricht sind der nach Alter und Lernniveau abgestufte Verstehens-/Wahrnehmungshorizont von Schülern einerseits und ästhetische, erzählerische und inhaltliche Strukturen von literarischen Texten andererseits, die eine leserlenkende und rezeptionssteuernde Funktion haben und zu denen Leser/Schüler sich interaktiv in Beziehung setzen können. Es liegt ein Literatur- und Verstehensbegriff zugrunde, der von einer Text-Leser-Interaktion ausgeht und diese nach Begriffsvermögen, Verstehenskapazität und ästhetischer Erlebnisfähigkeit verschiedener Altersgruppen abstuft.

Hinweise auf Gattungsspezifika und Epochen bleiben marginal, dafür wird ein Katalog an Verfahrensweisen und damit verbundenen Intentionen angeboten. Es wird von einem Modell ausgegangen, in dem die Sachstruktur der Fachinhalte in Beziehung gebracht wird mit der Lern-/Verstehensstruktur der Schüler, mit ihrem Rezeptions- und Verarbeitungsvermögen, mit der Bedeutung von Lerninhalten für den Schüler. Diese beiden Bereiche einander zu vermitteln und zueinander in Beziehung zu setzen, wird durch Verfahrensweisen/Aufgaben geregelt und angeregt. Deutlich wird der Einfluss von leserorientierten, interaktiven Verstehenstheorien. Der Lehrplan von Nordrhein-Westfalen für die Sek. I der Gesamtschule (1998) formuliert als Ziele das Kennenlernen von epischen, dramatischen, lyrischen Texten deutscher und anderer Literaturen sowie der KJL. Angestrebt werden Kompetenzen des selbstständigen Erschließens von Texten, des Heranziehens wirkungsgeschichtlicher, biographischer u. a. Zusammenhänge und des Bedenkens anderer Sichtweisen auf Texte. Zu den fachlichen Aufgaben gehört weiterhin eine umfassende Leseförderung.

Vor dem Hintergrund von Lehrplänen und Lehrerhandreichungen lassen sich folgende Aufgaben von Literaturunterricht formulieren:

a) Einführung in deutschsprachige Literatur der Moderne und Tradition

b) Bekannt machen mit Weltliteratur

c) Angebot kanonisierter Texte

d) Einführung in literarische Formen/Gattungen

e) Textsammlung, um Schüler mit Alltagsproblemen vertraut zu machen

f) Textsammlung, um sich mit Umwelt kritisch auseinanderzusetzen

g) Textangebot zum Üben von Lesen, Interpretieren, Schreiben, Spielen

h) Angebot zur Sprachreflexion und Förderung von Sprachbewußtheit

i) Textangebot zur Hinführung zum Buch und zum Lesen

j) Textangebot zur Auseinandersetzung mit sich selbst

k) Textangebot zum Aufbau methodischer Kompetenzen: Lernen-zu-lernen-Fähigkeiten, Lernstrategien und -techniken, die zukunftsweisend und berufs-/lebensbezogen akzentuiert sind

l) Text- und Methodenangebot zur Förderung interkulturellen Lernens

m) Methodenangebot zum Aufbau von Lese-/Interpretationskompetenzen

n) Text-/Methodenangebot zur Erweiterung des Wahrnehmungs- und Verstehenshorizontes

o) ein Text-/Methodenangebot zur Distanzierung von Alltagswelten und zur Veränderung von Haltungen/Einstellungen (Wertorientierung, Normierung)

p) Angebot für den fächerübergreifenden Unterricht

q) Angebot für die Integration von Lernbereichen

r) Textangebot zum Aufbau von Medienkompetenzen

Lehrer akzentuieren die genannten Aufgaben für den Literaturunterricht offensichtlich unterschiedlich und entwickeln ihre eigenen Verwendungsstrategien für das Lesebuch entsprechend den Aufgaben, die ihnen wichtig sind. Schulpraktiker und Lehramtsstudierende können zu ihrer eigenen Kontrolle anhand des Arbeitsblattes A 5 auf S. 136 ihre Verwendungsstrategien und Präferenzen prüfen. Akzentuierungen, die zum spezifischen Profil eines Lesebuchs gehören, stellen Selektionskriterien für Lehrer dar. Beispiele:

1. Ist das Angebot für einen lernbereichsübergreifenden Ansatz von primärem Interesse, dann bietet sich der Typ des integrierten Lese-/Sprachbuchs an, wie *Deutsch plus, Deutschbuch* oder *Tandem, Lesen Darstellen Begreifen*.

2. Interkulturelle Lernziele sind konzeptioneller Bestandteil nur weniger Lesebücher, wie *LEO* oder *Doppel-Klick*.

3. Gewichtung von Aufgaben, die die Einführung in die Moderne, Tradition, Weltliteratur und in literarische Gattungen und Epochen akzentuieren, korrespondiert mit den Anforderungen des Gymnasiums, für das *Facetten* (Oberstufe) und für die Jahrgänge 5–10 *Deutsch plus, Deutsch, Lektüre* entworfen sind.

4. Leseförderung unter besonderer Berücksichtigung von leseschwachen Schülern ist das Anliegen von *Magazin*.

3.3 Lehrfunktion von Lesebüchern

Die unterrichtliche Wirklichkeit ist durch eine eigene Dynamik charakterisiert, die durch vielfältige Interaktionen aller Beteiligten (Lehrer und Schüler), wechselseitige Interpretationen der Unterrichtssituation und des Verhaltens des anderen sowie durch die verschiedenen Lehr- und Lernhandlungen gekennzeichnet ist. Der Lehrer entwirft ein Szenarium mit einer bestimmten Zeit- und Interaktionsstruktur, in der Lehr- und Lernprozesse im Hinblick auf eine Zielperspektive inhaltlich und methodisch strukturiert werden. Einzelne Lehrtätigkeiten, die darauf gerichtet sind, den Lernbereich zu strukturieren und Lernprozesse zu initiieren, zu stützen, zu kontrollieren, Gelerntes zu sichern und Transfer von Gelerntem anzuregen, werden an das Medium „Lesebuch" abgegeben. Wie die vorhergehenden Kapitel deutlich gemacht haben, ist das Lesebuch als ein Gesamttext zu betrachten, der aus verschiedenen Elementen besteht, die funktional aufeinander bezogen sind. Zu diesen Strukturelementen gehören: Texte (literarische, Medien- und Sachtexte), Tabellen, Lesestellen, Bilder, Grafiken, Quellenangaben, Aufgaben, Tipps und didaktische Texte, wie Kommentare und Zusammenfassungen. Lehrfunktionen werden von einzelnen Strukturelementen des Lesebuchs übernommen oder an Lehrerhandreichungen und Schülerarbeitshefte abgegeben (s. Kap. 2.9, 2.10), so dass bei der Planung von Unterricht mit einem Lesebuch das Gesamtensemble von Lesebuch und Teilmedien berücksichtigt werden muss. H. Hacker (1980) war einer der ersten, der Schulbücher unter einem funktionalen Aspekt analysiert und Lehrfunktionen herausgearbeitet hat. An diese Systematik wird teilweise angeknüpft. Sie wird jedoch im Hinblick auf die Spezifik des Lesebuchs modifiziert und erweitert.

Die Strukturierung des Lernbereichs erfolgt durch Auswahl und Anordnung von Texten, Gattungen und Themen. Lernsteuernde Funktion haben Aufgaben und ihre Abfolge, Vorschläge zu Texten mit steigendem Komplexitäts- und Verständlichkeitsgrad und die Anordnung von Texten nach Lernzielen. Didaktische Funktionen eines Lesebuchs lassen sich auf die verschiedenen Komponenten und Phasen unterrichtlicher Lernprozesse – Einstieg, Erarbeitung, Vertiefung, Wiederholung, Übung, Anwendung, Kontrolle – beziehen.

Einstieg	Erarbeitung	Ergebnissicherung	Kontrolle	Wiederholung
Zielorientierung Problemfindung Motivierung	Präsentation des Textes Vertiefung Arbeit am Text	Anwendung Übung Zusammenfassung Transfer	Überprüfung Auswertung	Anknüpfung

Die Steuerung von unterrichtlichen Interaktions- und Kommunikationsabläufen wird ebenfalls in Lesebüchern abgebildet und durch bestimmte Strukturelemente repräsentiert, wie Aufgaben und Empfehlungen zur Durchführung von Aufgaben in verschiedenen Sozialformen (Einzel-, Partner-, Gruppenarbeit). Darüber hinaus spielt der Aspekt der räumlichen Organisation von Lernen und Wissensaufbau eine Rolle. Es gehört zur Spezifik des Lesebuchs, Texte räumlich anzuordnen und durch Elemente, die eine Verweisfunktion haben, den Textraum zu gliedern und den Leser innerhalb des Textraumes zu orientieren. Sprachlich drückt sich das in Aufforderungen aus, Texte an anderen Stellen im Lesebuch in den gegenwärtigen Lektüre- und Textverarbeitungsprozess mit einzubeziehen, wie: „Lesen Sie dazu, was Brecht über /.../ geschrieben hat." (*Deutsch* 10, 1999, 50) oder „Schaut euch anschließend an, wie der Text im Original endet (S. 163)." (*wortstark* 9, 1998, 160). Aber auch Bildzeichen haben eine verweisende Funktion. In *Deutsch plus* zeigt eine Jokerfigur Textstellen an, die Informationen zur Literatur- und Sprachgeschichte geben. Bildzeichen markieren Ruhezonen (Leseecken) oder Orte, wo der Lerner/Leser findet, was er zur Aneignung, Festigung, Wiederholung oder Vertiefung von Wissen braucht: Aufgaben, Merk-/Arbeitshilfen, Lesetipps, Zusammenfassungen, Informationen.

Zum anderen verweisen Hinweise, Tipps, Register oder Arbeitsanregungen auf weitere Texte im Lesebuch als Aufforderung, deren Informationen mit dem gerade Gelesenen und Gelernten zu verknüpfen. Es kann sich dabei um Hintergrundinformationen zu einem literarischen Text handeln, die einbezogen werden müssen, um einen Text zu verstehen, oder um Deutungsstrategien, die einen selbstständigen Zugang zu einem Text eröffnen. Derartige Verknüpfungen reichern eine bereits gebildete Verstehens- und Wissensstruktur an. Beispielsweise gibt es am Ende von *wortstark* 9 (2001) einen komplementären biographischen Text zu Hemingway (S. 45), von dem in der Werkstatt „Lesen" eine Kurzgeschichte steht. Einen Querverweis darauf findet der Leser auf S. 147. Folgt er diesen Hinweisen und nimmt entsprechende Informationen auf, verändert sich die Perspektive auf einen literarischen Text.

In der jüngeren Geschichte des Lesebuchs hat sich ein Typ herausgebildet, der gegenüber der Fokussierung auf Wissen als einen weiteren Akzent die Bedeutung der Organisation von Wissen und der selbstständigen Aneignung von Wissen auch über den schulischen Kontext hinaus betont. Das Was wird ergänzt um das Wie des Wissenserwerbs. Das methodische Rüstzeug der Wissensorganisation, das auf metakognitive Kompetenzen der Reflexion und Steuerung des eigenen Verstehens und Lernen-zu-lernen-Fähigkeiten zielt, wird in Lesebüchern repräsentiert durch Strategien, Arbeitstechniken, Merkhilfen, Tipps, Zusammenfassungen, Querverweise. Der Adressat ist in erster Linie der Lerner. Wie jedoch solche Bausteine genutzt, in Unterrichtsabläufe integriert, weitere Anwendungsmöglichkeiten angeboten werden und sichergestellt wird, dass Lerner sich auf solche Lernwege einlassen, ist Angelegenheit des Lehrers, der die verschiedenen Lehr- und Lernhandlungen in Wechselbeziehung bringen muss und damit das Maß an Eigen- und Fremdsteuerung bestimmt.

Lesebücher übernehmen vielfältige Lehrfunktionen, deren Ensemble ein mögliches Szenarium für den Unterricht ergibt, allerdings mit Leerstellen, die Lehrer und Schüler unterschiedlich besetzen können, so dass sie auf der Basis eines Lesebuchs ihre eigene Wirklichkeit konstruieren. Die Impulse, Dauer der Bearbeitung, Öffentlichmachen von Arbeitsergebnissen, Austausch von Leseerfahrungen, Rückfragen, Aufgreifen von Schülerreaktionen u. a. m. ergeben sich aus der Dynamik des Unterrichtsgeschehens und sind nicht im Lesebuch fixierbar. Insofern liegt dem Lesebuch eine dialogische Struktur zugrunde, da es auf das kooperative Zusammenspiel mit Schülern und Lehrern ausgerichtet ist. Die Auswahl und Realisierung von Lehrfunktionen bleiben der Entscheidung des Lehrers überlassen.

Die didaktischen Funktionen eines Lesebuchs betreffen, wie soeben dargelegt, die Lerninhalte, den Lernprozess und einzelne konkrete Lernhandlungen im Unterricht sowie die Kommunikationsabläufe und Wissensorganisation (im Sinne des Bereitstellens von methodischem Wissen). In der folgenden Übersichtstabelle sind die genannten Lehrfunktionen zusammengestellt. Angesichts der Vielfalt an Lehrtätigkeiten erhebt sie keinen Anspruch auf Vollständigkeit, sondern ist erweiterbar.

Lehr-/Lernbereiche	didaktische Funktionen	Strukturelemente von LB
Lerninhalte	Strukturierung des Lernbereichs, Präsentation von Lerninhalten durch Texte und Bilder	Texte, Bilder
Lernprozess/ zeitliche Struktur	Steuerung der Abfolge von Lernprozessen:	Fragen, Aufgaben, Text-/Bild-Impulse
	• motivieren	Layout, Bild-Text-Angebot, Präsentationsweise von Texten
	• informieren	Texte mit Hintergrundinformationen, Zusammenfassungen
	• erarbeiten	Aufgaben, Impulse
	• üben	Aufgaben
	• wiederholen	Aufgaben
	• kontrollieren	Merkhilfen, Zusammenfassungen, Lösungen im Arbeitsheft
Interaktions-/ Kommunikationsstruktur	• gemeinsames Problemlösen	Aufgaben + Anregungen zur Partnerarbeit, Projekte, Freiarbeit
	• austauschen, Dialogaufbau	
Organisationsfunktion	• verknüpfen • integrieren	Querverweise, Tipps, Sachinformationen
	• Multiperspektivität	Merkhilfen, Arbeitstechniken Lernstrategien
praktische Funktionen im Unterricht	einzelne Lernhandlungen:	Texte, die diese Funktionen im Lesebuch repräsentieren
	• Bilder auswerten, deuten	Bilder, Bild-Text-Zeichen Texte

• Texte erschließen		
• Informationen entnehmen		
• Handlungsablauf darstellen	erzählende Texte, Balladen	
• Begriffe sichern	Definitionen Gattungsbestimmungen	
• zusammenfassen	Merktexte, -hilfen	
• Hintergrundwissen integrieren	biographische, literatur-geschichtliche Texte	
• Texte erarbeiten	Wort-/Begriffs-erklärungen Werkstätten, Aufgaben	
• das eigene Deuten reflektieren	Interpretationsstrategien	
• das eigene Lernen reflektieren	Übersichten zu Lernstrategien/techniken Liste von Begriffen Zusammenfassung von Lernstoff (Merktexte)	

Die Vielfalt und Kombination von Lehrfunktionen ist ein Merkmal, nach dem sich Lesebuch-Gattungen voneinander unterscheiden lassen. Monofunktionale Gattungen sind Anthologien, Arbeitsbücher, Übungshefte. Multifunktional sind Lesebücher, die ergänzend zum Textangebot eine Arbeitsstruktur enthalten.

3.3.1 Motivationale Funktion

Lesebücher bieten heute durch ihre vielfältigen Bild-Text-Kompositionen didaktische Arrangements für den Lehrer, um seinen Unterricht zu inszenieren und Lerner zu motivieren. Insbesondere für den Einstieg in ein Thema eignen sich die verschiedenen Eröffnungen von Kapiteln über Bild-Text-Montagen. Kreative Übungen in Werkstätten sind ebenfalls lernerfreundlich, anregend und aufmerksamkeitsbindend.

3.3.2 Informationsfunktion

Lesebücher liefern eine Reihe von Informationen zu Texten, Autoren, Hintergründen, die je nachdem, wo sie platziert sind und in welchem Textformat sie realisiert werden, unterschiedliche Funktionen erfüllen und auf verschiedene Weise in die Auseinandersetzung mit einem literarischen Text integriert werden können. Kurze Zusammenfassungen von Romanen oder einer Romanszene werden einem Romanauszug vorangestellt, um dessen Inhalt verständlich zu machen und einen Einstieg in die Lektüre zu ermöglichen. Erläuterungen zur Literatur- und Gattungsgeschichte sowie biographische Angaben zu Autoren dienen der Kontextualisierung eines Textes und dem Aufbau literarischer Kenntnisse. Lesetipps und Buchempfehlungen sind weiterführende Anregungen zum Lesen über den Schulunterricht hinaus. Ein Lexikon im Anhang liefert Informationen zu Fachbegriffen und kann für die Lernkontrolle, Abstraktionsbildung und das Bereitstellen eines Vokabulars zur Beschreibung von Texten und Leseerfahrungen verwendet werden. Hinweise auf Internetseiten (s. *Deutsch plus*) sind weitere Informationsquellen zur Recherche und Vertiefung von Lernstoff und können für Hausaufgaben genutzt werden. Lesetipps können aufgegriffen und zur Wahl gestellt werden, wer welcher Empfehlung nachgeht, um in einer der folgenden Stunden eine Rückmeldung über die Lektüre des Buches zu geben. Gattungsdefinitionen sowie literaturgeschichtliche Erläuterungen bieten sich als Ausgangspunkt für eine weitere Textlektüre (z. B. Anekdote, Fabel, Kurzgeschichte) und zur Stützung von Transferleistungen an.

3.3.3 Erarbeitungsfunktion

Die Erarbeitung eines Textes, einer Erzählstruktur oder einer Gattung wird durch Sequenzen von Aufgaben gesteuert. Treten Sie innerhalb eines Kapitels, z. B. einer Werkstatteinheit, auf, dann muss das Gesamtensemble an Aufgaben betrachtet werden, um ihre Intention, den schrittweisen Aufbau von Kompetenzen und das sukzessive Aufschließen von Texten erfassen zu können. Für die Erarbeitung eines Textes und einer literarischen Struktur bieten sich dem Lehrer vielfältige Möglichkeiten, mit dem Aufgabenangebot eines Lesebuchs zu operieren und komplementär eigene Fragestellungen und Verfahrensweisen ins Spiel zu bringen. Die Folgen von Aufgaben zu einem Text können einmal die Basis bilden für die häusliche Auseinandersetzung des Schülers mit einem Text. Selbst wenn sich der Lehrer im Unterricht an vorgegebenen Arbeitsanregungen orientiert und sich auf vorgezeichnete Lernwege einlässt, so öffnet sich zugleich ein Handlungsspielraum durch die Zeitlichkeit des Lesens, die Dialogführung über Texte und Leseerfahrungen und die Unberechenbarkeit von Schülerreaktionen. Die Lösungsschritte und -möglichkeiten müssen in der mündlichen Gesprächssituation besprochen werden. Sie lassen sich im Lesebuch selbst nicht abbilden. Spontane Äußerungen – Wertungen, Meinungen, Kommentare, Hypothesen, Assoziationen – zu einem Text müssen in der Situation aufgegriffen und in eine Richtung gebracht werden – sei es, dass eine Überprüfung am Text angeregt wird, dass Schüler untereinander ihre Positionen vertreten, der Phantasie freien Lauf gelassen wird oder der Lehrer durch eine provokante Gegenhypothese zum Blickpunktwechsel veranlasst.

Ein Beispiel für die Erarbeitung von Texten: Die Lese-Werkstatt von *wortstark* 9 (2001, 145 ff.) enthält 6 Kurzgeschichten von Hemingway, Borchert, Aichinger, Kunze, Richter und Frisch, denen jeweils Aufgaben zugeordnet werden. Eingeschoben in die Bearbeitung der ersten Kurzgeschichte wird als Rekapitulation des Kurzgeschichtenstoffes im Band zuvor eine Definition der Kurzgeschichte und Deutungsstrategien zu zentralen Kategorien: Handlung, Ort, Personen, Erzähler und Sprache.

Text	Aufgaben
E. Hemingway: Alter Mann an der Brücke	Leerstellen füllen
W. Borchert: Die Kirschen	Unterbrechen des Leseprozesses mit integrierten Aufgaben: Rekonstruieren des Anfangs, Bestimmen von Figurenrede und Erzählertext sowie der Funktion eines Elements für die Handlung
I. Aichinger: Das Fenster-Theater	Beschreiben der zugrunde liegenden Konstellation der Geschichte, Bewerten von Verhaltensweisen, Interpretation des Schlusses, Nacherzählen aus der Perspektive einer Figur
R. Kunze: Fünfzehn	Bestimmen der Erzählhaltung, einen Paralleltext schreiben
H. P. Richter: Taschentücher	Geschichte zu Ende schreiben, eine Person verteidigen oder kritisieren
M. Frisch: Vorkommnis	eine Kurzgeschichte spielen

Die Aufgabenfolge bildet eine Verlaufsskizze für den Unterricht ab mit Ergänzungen und Weiterführungen, zu denen im Lehrerband Vorschläge gemacht werden. Nicht jeder Text wird eingehend interpretiert, sondern die Aufgaben akzentuieren jeweils einen Interpretationsschwerpunkt, der einmal der Eigenart des konkreten Textes (Leerstellen-Struktur) zum anderen der Gattungsbesonderheit (offener Anfang, Unabgeschlossenheit) Rechnung trägt. Zudem wird eine methodische Vielfalt im Umgang mit Texten angeboten (Schreiben, Spielen). Aber vieles bleibt offen: Wie wird zur Lektüre hingeführt? Wie wird das Gespräch nach der Lektüre eröffnet? Die Zeitlichkeit des Lesens fordert mehrere Entscheidungen, die der Lehrer zu treffen hat: Was geschieht vor der Lektüre, während und nach der Lektüre?

Die Aufgabe, Leerstellen zu füllen, lässt Raum für eigene Vorstellungen und Assoziationen. Aber welche sind sinnvoll und vom Text her zu motivierende Ergänzungen und welche sind beliebig? Wann ist die Auseinandersetzung mit einem Text gesättigt und wann sollte noch einen Schritt tiefer in die Bedeutung eines Textes gegangen werden, um eine plausible Sinnkontur zu gewinnen? Empfehlenswert ist es, Schüler ihre Fragen an den Text stellen zu lassen. Der Lehrer ist also in mehrfacher Hinsicht gefordert, seine Impulse zu setzen, Antworten aufzugreifen, den Dialog zu beleben und in eine Richtung zu bringen, Gegenfragen und -hypothesen zu entwerfen, so dass Lehrfunktionen in Bezug auf die Texterschließung, die das Lesebuch übernimmt, ergänzt werden durch Funktionen des Lehrers.

3.3.4 Differenzierungsfunktion

Für Binnendifferenzierung ist innerhalb des Lesebuchs wenig Raum. Bisweilen gibt es Anregungen in den Lehrerhandreichungen, Texte eines Kapitels nach Stoffumfang und Verstehensschwierigkeiten auszuwählen. Eine Ausnahme bildet *Doppel-Klick*, das für deutschsprachige Schüler und Schüler nicht-deutscher Herkunftssprache jeweils ein eigenes Schülerarbeitsheft konzipiert hat. Das Lesebuch ermöglicht in Korrespondenz mit den Arbeitsheften eine Differenzierung nach Lernervoraussetzungen (s. Kap. 2.10).

3.3.5 Übungs-/Anwendungsfunktion

Aufgaben und Texte zum Üben und Anwenden von Gelerntem finden sich vorrangig in Schülerarbeitsheften oder in Lehrerhandreichungen (s. *Tandem*). Aber häufig sind sie bereits in Lesebücher integriert. Bezogen auf den Bereich „Lesen literarischer Texte" enthält ein Lesebuch Übungsmöglichkeiten zu Teilfertigkeiten, wie Personen charakterisieren, nach Informationen suchen, eine Inhaltsangabe anfertigen (*Deutschstunden* 7)

3.3.6 Wiederholungsfunktion

Wiederholungen dienen der Rekapitulation von Gelerntem und unterstützen das Behalten. Sie sind selten, aber wenn, bilden sie gleichsam Gedächtnisspuren, die in einem Lesebuch gelegt werden. *Deutsch plus* bietet im Lesebuch Wiederholungspassagen an. Solche Angebote könnten den Abschluss einer Stunde bilden oder den Beginn einer neuen, um sich des Gelernten zu vergewissern und auf der Basis einen höheren Abstraktions- und Differenzierungsgrad im Verstehen literarischer Texte aufzubauen.

3.3.7 Organisationsfunktion

Texte sind in einem Lesebuch zu Sequenzen gruppiert. Durch ihre Anordnung und Nachbarschaft zu anderen Texten entstehen Bezüge, die über den einzelnen

Text hinausweisen und erst in der Behandlung des Textensembles erkennbar werden. Hier ist ein Ansatzpunkt für den Lehrer gegeben, der solche Zusammenhänge mit den Schülern durch seine Impulse erarbeitet. Manchmal sind thematisch oder gattungsgeschichtlich aufeinander bezogene Texte innerhalb des Lesebuchbandes oder auch auf verschiedene Jahrgangsbände verteilt. Derartige Bezüge bleiben in den Lesebänden implizit oder werden in den Lehrerhandreichungen verdeutlicht. Doch einige Lesebücher geben dem Schüler auch direkte Hinweise auf weitere Quellen (*Deutschstunden, Deutsch plus, wortstark*). Vor allem integrierte Lese- und Sprachbücher arbeiten mit Querverweisen auf andere Lernbereiche und regen damit über den gegenwärtigen Zeitpunkt des Lernprozesses hinaus die funktionale Einbindung von Lernaktivitäten, die innerhalb der Gesamtstruktur des Lesebuchs verteilt sind, an.

3.3.8 Kontrollfunktion

Die Kontrolle von Lernen und Gelerntem ist in Form von Lösungen in Schülerarbeitsheften enthalten. Im Lesebuchband können Wiederholungspassagen oder Definitionen und Zusammenfassungen von Lernstoff diese Funktion mit übernehmen. Ansonsten bleibt die Kontrolle dem Lehrer überlassen.

3.4 Methodische Funktionen

Von den didaktischen Funktionen unterscheiden sich die methodischen (Olechowski 1995). Hier kann aus der Sicht des Schülers geprüft werden, ob das Lesebuch für ihn interessant und spannend ist, ob die Texte ansprechend und verständlich sind, ob die Aufgaben neugierig machen und lösbar sind, ob er Lese- und Interpretationsstrategien vermittelt bekommt und ob ihm Arbeitshilfen bereit gestellt werden. Bei der Analyse methodischer Funktionen wird gefragt nach:

1. der Fähigkeit zur selbstständigen Informationsgewinnung
2. der Vermittlung von Denk- und Arbeitsformen
3. dem Bereitstellen von Interpretationsstrategien
4. der Schulung von Kritikfähigkeit
5. der Ausbildung metakognitiver Kompetenzen (Lernen-zu-lernen-Fähigkeiten, Selbstbeobachtung des eigenen Verstehens und Lernens, Lernstrategien und -techniken).

Diese Aspekte beziehen sich auf Elemente der Organisation des Lern- und Verstehensprozesses in einem Lesebuch und der Selbstermächtigung des Lerners, sein Lernen und Verstehen zu beobachten und zu steuern. Die Fähigkeit, eine Distanz zum eigenen Lern-/Verstehensprozess herzustellen, Verstehensprobleme wahrzunehmen, nach Lösungen zu suchen und am Verstehensziel zu messen, wo sich der Lerner befindet, und zu überlegen, wie er seinem Ziel, einen Text zu verstehen, näher kommt, wird als metakognitive Fähigkeit bezeichnet (Brown

1984; Ehlers 1998). Durch Aufgabenstellungen, Merkhilfen und Tipps zur Arbeitsdurchführung wird ein methodisches Instrumentarium in Lesebüchern repräsentiert, das der Kontrolle, Planung und Überprüfung des eigenen Lernvorganges dient. Zu den Merkhilfen gehören: Übersichten mit Lese-/Interpretationsstrategien, Lern-/Arbeitstechniken und Gattungsmerkmalen, Zusammenfassungen, Randbemerkungen. Übersichten zu Strategien und Arbeitstechniken sowie Zusammenfassungen von Lerninhalten haben eine gedächtnisstützende Funktion, sie bieten aber auch eine Orientierung und dienen der Ergebnissicherung. Dieser methodische Funktionsbereich hat in neueren Lesewerken an Bedeutung gewonnen (*Facetten, Deutsch plus*).

Die Frage ist, wie mit solchen Elementen im Unterricht gearbeitet werden kann. Zum Beispiel Überblicksdarstellungen zu Merkmalen einer Gattung sollten nicht die Erarbeitung von Gattungsmerkmalen an konkreten Texten ersetzen und damit den Erfahrungs- und Analyseprozess abschneiden. Insofern könnte nach der Lektüre und Erschließung eines literarischen Textes die Tabelle/Übersicht die verschiedenen Beobachtungen bündeln und systematisieren und somit einen Prozess abschließen. Zu Beginn der nächsten Stunde könnte eine solche Merkhilfe der Start sein, um Einzelschritte zu wiederholen und einen Transfer durchzuführen.

3.5 Praktische Funktionen/Ebene der Einzelhandlungen

Von der Ziel-, Planungs- und Steuerungsebene ist die der konkreten Einzelhandlungen im Unterricht zu unterscheiden. Sie werden vorrangig durch Aufgaben und Arbeitsanregungen für Projekte initiiert. Viele Lesebücher unterbreiten in ihren Werkstätten zu bestimmten Gattungen/Textsorten oder Fertigkeiten Vorschläge für einzelne Lernhandlungen und ihr Arrangement im Unterricht. In Bezug auf literarische Texte werden eine Reihe von handlungs- und produktionsorientierten Operationen, wie Schreiben, Vergleichen, Ergänzen, Spielen, Malen, vorgeschlagen und je nach Schulform und Jahrgangsstufe ergänzt und kombiniert um systematische Erschließungsstrategien. Solche vorgegebenen Arbeitsanleitungen kann der Lehrer übernehmen, abwandeln und um weitere Verfahrensweisen ergänzen.

Die Realisierung von didaktischen und methodischen Funktionen in einem Lesewerk strukturiert das Maß an Selbststeuerung des Lernprozesses und Fremdsteuerung durch den Lehrer. Lesebücher, die hohe Anteile an expliziten methodischen Lernfunktionen im Lesebuch enthalten, wie Merkhilfen, Zusammenfassungen, Anregungen zur Eigenarbeit, Explizieren von Lernstrategien und -techniken, sind für den Schüler gedacht und ermöglichen ihm die Eigensteuerung und -verantwortung für seinen Lernprozess und den Umgang mit dem Lesebuch. Ebenso sind Schülerarbeitshefte nicht nur ein Mittel der Übung, Anwendung und des Transfers, sondern regen Prozesse an, Lernen an den Lernenden zu überantworten.

3.6 Zu einer Didaktik des Lesebuchs

Die Analyse der Lehrfunktionen von Lesebüchern dient mehreren Zwecken. Erstens ermöglicht die Bestimmung von didaktischen Funktionen eine Charakterisierung von Lesebüchern. Wie bereits in den Ausführungen zur Konzeption von Lesebüchern (Kap. 2.2) dargelegt, wurden in früheren typologischen Ansätzen Intentionen, formale oder inhaltliche Gliederungsprinzipien, die unterlegte Arbeitsstruktur oder die Integration von Lernbereichen als Kriterien benutzt, um Lesebuchtypen voneinander zu unterscheiden. Da Gliederungsprinzipien häufig im Lesebuch kombiniert werden, unterschiedlich akzentuiert sind und zudem seit den 70er Jahren Strukturelemente neu hinzugekommen sind, reichen diese Kriterien nicht aus, um Lesebücher typologisch zu erfassen. Beispielsweise liegen dem als integriertes Lese-/Sprachbuch apostrophierten Typ von Lesebuch, dessen gemeinsames Merkmal die Verknüpfung von Lernbereichen des Deutschunterrichts ist, unterschiedliche Konzeptionen zugrunde. Die Beschreibung von Lehrfunktionen gestattet es, einen solchen Typ nach innen zu differenzieren und ein Lehrfunktionsprofil zu erstellen, das den spezifischen Intentionen und Zielsetzungen eines Lesebuchs gerecht wird. Die Vielfalt, Integration und das Zusammenspiel von Lehrfunktionen ist eine Möglichkeit, um Lesebuchtypen voneinander abzugrenzen. Neben dem Typ des monofunktional verfassten Lesebuchs, das sich als reines Textangebot versteht, existieren eine Reihe multifunktionaler Lesebücher, die teilweise auf ein autodidaktisches Lernen und eine individuelle Auseinandersetzung mit dem Lesebuch ausgerichtet sind.

Zweitens ermöglicht die Analyse von Lesebüchern unter der Perspektive von Lehrfunktionen es dem Lehrer, eine Auswahl zu treffen und festzulegen, wo er wann wie mit welcher Intention das Lesebuch als Unterrichtsmedium einsetzt. Lesebücher lassen sich auch danach charakterisieren, wie weit sie die Interaktion mit dem Lehrer anstreben, einen flexiblen Umgang zulassen und den Handlungsspielraum des Lehrers anerkennen, der dem Unterricht seinen Plan unterlegt. Die Auswahl von Lesebüchern nach funktionalen Kriterien ist nicht zuletzt abhängig vom Lehrertyp und seinem Unterrichtsstil. Unterrichtsstile lassen sich nach der Variabilität im Lehrverhalten, die sich in der Vielfalt eingesetzter Methoden und Arbeitsmaterialien zeigt, unterscheiden. Je nach Grad der Lernerorientierung und der Förderung kreativ-produktiver Aktivitäten bilden sich drei Unterrichtsstile heraus: a) der unterweisende Stil, der die Erarbeitung des Stoffes anhand von Materialien bevorzugt; b) der auf Selbstständigkeit und Partnerarbeit ausgerichtete Stil, der mit einer geringen Vorstrukturierung von Unterricht arbeitet; c) der Problemlösefähigkeiten fördernde und die eigentätige Auseinandersetzung mit einem Gegenstand anregende Unterrichtsstil. Zwischen Lesebüchern, ihrem Funktionsprofil und Unterrichtsstil bestehen Korrespondenzen.

Die Beschreibung von Lehrfunktionen des Lesebuchs bietet eine gute Ausgangs-
basis, um den Zusammenhang zwischen Lesebuch und Unterricht aufzuzeigen.
Bestimmte Funktionen, die der Lehrer im Unterricht ausübt, um Lernprozesse
anzuregen, zeitlich zu gliedern und zu organisieren, übernimmt das Lesebuch.
Es gibt jedoch Funktionen, die das Lesebuch aufgrund seiner Gattungsspezifik
nicht übernehmen kann und die in der Hand des Lehrers bleiben, so dass die
Arbeit mit dem Lesebuch eine sorgfältige Planung und funktionale Abstimmung
erfordert. Dem Lesebuch sind als Printmedium in Bezug auf seine Repräsentati-
onsmöglichkeiten von Prozessen im Unterricht Grenzen gesetzt. Unterrichtsformen, die sich im Medium des Mündlichen vollziehen, können nicht in einem Lesebuch abgebildet werden, wie z. B. erzählen, vortragen, vorlesen. Weiterhin
lassen sich Lösungsverfahren, die Schüler anwenden, nicht im Lesebuch fixie-
ren, sondern müssen vom Lehrer durchgespielt, variiert, kommentiert werden.
Gerade der Umgang mit literarischen Texten ist auf eine mündliche Gesprächs-
kultur angewiesen, in der Standpunkte, Interpretationshypothesen, Leseerfahrungen, spontane Leserreaktionen geäußert und aneinander abgeglichen werden, in der aus der Dynamik der Textarbeit und der unterrichtlichen Interaktion
heraus Lehrerimpulse erforderlich sind, um Schülerreaktionen zueinander in
Beziehung zu setzen, um Alternativen zu öffnen, eingefahrene Sichtweisen in-
frage zu stellen und zum Blickpunktwechsel zu veranlassen.

Die Planung und Organisation von Unterricht mit dem Lesebuch als begleiten-
des, stützendes und strukturierendes Unterrichtsmedium ist immer auf den Lehrer und seine komplementäre Funktion angewiesen. Leistungen, die der Lehrer
erbringen muss, sind u. a. das Integrieren von Zusatzinformationen, Wahl des
Einstiegs und die Themaführung. Da das Lesebuch die Kommunikation zwischen Lehrer und Schüler und Schülern untereinander im Unterricht beeinflusst,
Gesprächsverläufe durch Arbeitsanregungen zu Texten steuert und den Dialog
möglicherweise abblockt, sind für den Lesebucheinsatz Strategien empfehlenswert, die eine flexible Handhabung des Unterrichtsmediums und seiner Teile
und eine Planänderung in Anpassung an die sich erst im Unterricht ergebenden
Erfordernisse und Bedürfnisse ermöglichen.

Auf der Grundlage der vorgestellten Lehrfunktionen lassen sich Arbeitsstrategien im Umgang mit dem Lesebuch formulieren, die es dem Lehrer ermöglichen,
bedeutsame Lernsituationen mit Lektüretexten, Arbeitsanregungen, verschiedenen Formen der Auseinandersetzung mit Texten, Leseerfahrungen und der
Verbindung zu anderen Lernbereichen zu schaffen. Für die Auswahl eines Lesebuchs und die Unterrichtsplanung ist das Arbeitsblatt A 6 (S. 137) hilfreich. Eine
erste Strategie ist die der selektiven Nutzung von Strukturelementen mit den genannten Lehrfunktionen der Planung und Steuerung von Unterricht, der Organisation von Lernprozessen und der Strukturierung des Lernbereichs. Werden
offene Unterrichtskonzepte und ein die Eigenaktivitäten des Lerners fördernder

Ansatz bevorzugt, so können Fragen, wie sie in A 7 (S. 138) formuliert sind, helfen, Lesebücher unter diesem funktionalen Blickwinkel zu prüfen und ihre Ein-
setzbarkeit im Unterricht zu planen. Die Auswahl kann nach thematischen, gattungsspezifischen, literarischen, binnendifferenzierenden, motivationalen Kriterien erfolgen und auf die einzelnen Phasen von Unterricht bezogen werden.
Lesebücher können unter dem Gesichtspunkt curricularer Anforderungen für
Schulformen und Jahrgangsstufen nach ihren Schwerpunkten, wie literarische
Epochen oder interkulturelles Lernen, ausgewählt werden. Eine Möglichkeit in
Bezug auf Leseförderung und kreative Verfahren besteht darin, ein Lesebuch
mit einem solchen Akzent im Gesamtaufbau zugrunde zu legen oder aber Werkstätten mit ihrem Text- und Methodenangebot herauszulösen und dem eigenen
Unterrichtsplan einzugliedern. Aufeinander bezogene thematische Einheiten
können zur Grundlage mehrerer Unterrichtseinheiten gemacht werden. Thematische Aspekte können sein: Weltliteratur, Moderne, Autorenporträts oder lebensweltliche Themen. Im Lesebuch vorgezeichnete Lernwege, die vor allem
über Arbeitsanregungen angeboten werden und in Verbindung mit sprachdidak-
tischen Aspekten, wie mündliche/schriftliche Kommunikation oder Entwicklung von Erzählfähigkeiten, ein vielschichtiges Methodenrepertoire bereitstellen, lassen sich herauslösen und unter der gewünschten Zielperspektive in den
Unterricht einbinden. Ein weiteres Auswahlkriterium sind Hintergrundinformationen und Zusatzmaterialien für eine Lektüre oder das Zusammenspiel von
Ganzschrift und Lesebuch: Über das Lesebuch könnte der Einstieg in die Ro-
manlektüre erfolgen, wie z. B. „Der Name der Rose" in *Facetten* oder Hinfüh-
rungen zu KJL-Romanen, die in Auszügen in vielen Lesebüchern vertreten sind.
Ergänzend zu Lese- und Deutungsstrategien, die im Kontext der Lesebucharbeit
an kurzen Texten vermittelt wurden, kann anhand einer Ganzschrift das über-
greifende Lesen eingeübt werden, das eine größere Textmenge in den Blick
nimmt, Unwichtiges überspringt, von Details abstrahiert, um übergeordnete
Kategorien zu bilden und umfassendere Zusammenhänge zu konstituieren. Aus-
gehend von Fragen nach Hintergründen zu einer Geschichte, versteckten Motiven, dem weiteren Handlungsverlauf und möglichen Lösungen bietet eine Lese-
probe aus einer Ganzschrift vielfältige Anregungen, sich auf die Lektüre eines
Romans einzulassen, auf Spurensuche zu gehen und unter der jeweiligen Frage-
perspektive eigene Lesarten zu gewinnen.

Eine weitere Arbeitsstrategie besteht darin, das Lesebuch als „Buch" zu nutzen,
um damit zu einer Buchkultur hinzuführen und Lesen als ein soziales Verhalten
zu fördern. Im LeseBuch können Lerner herumstöbern, auf Entdeckungen nach
Texten, Genres, Autoren oder Themen gehen. Das kann als Freiarbeit organisiert werden mit verteilten Arbeitsaufträgen und Recherchen in Klassen-/
Schulbibliotheken oder Stadtbüchereien. Lesetipps kann nachgegangen werden
und in der Prüfung von Klappentexten ein Vorschlag für eine Klassenlektüre
erarbeitet werden.

Das Lesebuch kann selbst zum Unterrichtsgegenstand gemacht werden. Die Behandlung des Lesebuchs als eines Unterrichtsgegenstandes in der Oberstufe steht im Kontext einer Leseerziehung und Behandlung einer spezifischen didaktischen Textgattung, die eine eigene Struktur hat und deren Bestandteile nach bestimmten Intentionen ausgewählt und angeordnet wurden. Das Ziel besteht darin, die Machart und Zielsetzung von Lesebüchern durchsichtig zu machen und aus der Perspektive des Adressaten zu reflektieren. Methodisch könnte man so vorgehen, dass über die Thematisierung von Lesen und Büchern in Texten eines Lesebuchs der Einstieg gesucht wird und die darin sich spiegelnden Leseerfahrungen und Lesebuch-Reflexionen an den Erfahrungen und Eindrücken von Schülern abgeglichen werden. Zu prüfen wäre auch, was an einem Lesebuch anspricht oder verprellt und welche Maßstäbe Schüler an Lesebücher anlegen. Dieser Schritt könnte durch den Vergleich konzeptionell und im Design unterschiedlich gestalteter Lesebücher weiter ausgebaut werden. Vergleichend können strukturelle Merkmale von Lesebüchern, wie Textangebot, Themen, Sequenzierung, Aufgaben, Medien erarbeitet werden. Einblick in die Geschichte des Lesebuchs und Veränderung von Literaturbegriffen wäre ein weiterer thematischer Aspekt. In Form einer Projektarbeit könnten Oberstufenschüler ihr eigenes Lesebuch konzipieren.

Damit ein Lesebuch seine didaktischen Funktionen und Absichten erfüllen kann, bedarf es einer Reflexion auf das Lesebuch als Unterrichtsmedium und einer Didaktik des Lesebuchs, in der didaktische und unterrichtspraktische Zielsetzungen expliziert werden. Zwischen dem Lesebuch, dem Schüler und Lehrer bestehen vielschichtige Interdependenzen, wobei der Lehrer als Gesprächspartner und Koordinator ergänzende Funktion zum Lesebuch übernimmt und die vielen interpretatorischen Einzelaspekte in der Auseinandersetzung mit literarischen Texten zusammenführen muss. Die Arbeit mit dem Lesebuch im Unterricht ist nicht zuletzt ein Beitrag dazu, das alte Printmedium im Kontext neuer Medienkulturen zu verankern und Prozesse einer literarischen Bildung und Lesesozialisation über die Buchgattung Lesebuch und seine Spezifik anzuregen.

Arbeitsblätter

A 1 (Kap. 2.1)

Arbeitsblatt für ein Lesebuch	
Titel	Verfasser, Verlag, Jahr, Schulform, Jahrgangsstufe, Zahl der Bände
Typ von Lesebuch	
Ziele/Intentionen	
Inhalte	
Gliederungsprinzip	
Textangebot	
Gattungen/Textsorten	
Themen	
Methodik/Arbeits-/ Unterrichts-Anregungen	
Aufbau	
Gestaltung Layout	
Medien	

A 2 (Kap. 2.2)

Arbeitsblatt für die Erschließung der Konzeption eines Lesebuchs

Lesebuch, Schultyp, Verlag, Erscheinungsjahr	
Literaturdidaktische Theorie	
Leitprinzipien	
Ziele/Intentionen	
Schwerpunkte	
Gliederungsprinzip	
Themen	
Gattungen/Textsorten	
Methodik	

A 3 (Kap. 2.3)

Arbeitsblatt für die Recherche nach Themen in Lesebüchern						
Themen	Texte	Autoren	Gattungen	Lesebuch	Band	Schulform

A 4 (Kap. 2.6)

Platzierung und Markierung von Aufgaben

Lesebuch	zum Text	Eig. Methoden-kapitel	Anhang	Layout
LesArt	Ende eines Kap.	–	–	kursiv, nummeriert
Kolumbus	Ende eines Kap.	–	–	kursiv, nummeriert
Lesenswert	nach einem Text	–	–	andere Schrift, nummeriert
ansichten Bd. 10	– –	– +	+ –	nummeriert
Das lesende Klassenzimmer	nach einem Text und zwischen Textteilen	–	–	eingekastelt, wechselnde Farbunter-legung
Hirschgraben-Lesebuch	am Ende Seitenrand	+	–	kursiv, teils lila unterlegt
Magazin	zwischen Text-teilen und nach einem Text	–	–	kursiv, Schrift: orange, nummeriert
Lektüre	hinter Texten abgetrennt	–	–	andere Schrift-type, farbig unterlegt
Lesezeichen	trennt A vom Textangebot	–	+	andere Schrift-type
Lesen Darstellen Begreifen	nach einem Text	+	–	keine Abgren-zung vom Fließtext, nummeriert
Wort und Sinn	am Rand	–	–	im Kasten, blau unterlegt
Wortwechsel	nach einem Text	–	–	nummeriert
Deutsch plus	nach einem Text	–	–	kleinere Schrift, nummeriert

A 5 (Kap. 2.3)

Verwendungsstrategien für den Umgang mit dem Lesebuch

Welche Aspekte sind wichtig für meine Entscheidung, ob und wie ich mit einem Lesebuch arbeite?

a) Einführung in deutschsprachige Literatur der Moderne und Tradition

b) Bekannt machen mit Weltliteratur

c) Angebot kanonisierter Texte

d) Einführung in literarische Formen/Gattungen

e) Textsammlung, um Schüler mit Alltagsproblemen vertraut zu machen

f) Textsammlung, um sich mit Umwelt kritisch auseinander zu setzen

g) Textangebot zum Üben von Lesen, Interpretieren, Schreiben, Spielen

h) Angebot zur Sprachreflexion, zur Förderung von Sprachbewusstheit

i) Textangebot zur Hinführung zum Buch, zum Lesen

j) Textangebot zur Auseinandersetzung mit sich selbst

k) Textangebot zum Aufbau methodischer Kompetenzen: Lernen-zu-lernen-Fähigkeiten, Lernstrategien und -techniken

l) Text- und Methodenangebot zur Förderung interkulturellen Lernens

m) Methodenangebot zum Aufbau verschiedener Kompetenzen: Lesen, Deuten, Erschließen, Lernen zu lernen

n) Text-/Methodenangebot zur Erweiterung des Wahrnehmungs- und Verstehenshorizonts

o) Text-/Methodenangebot zur Distanzierung von Alltagswelten und von Veränderungen von Haltungen/Einstellungen (Wertorientierung, Normierung)

p) Angebot für den fächerübergreifenden Unterricht

q) Angebot für die Integration von Lernbereichen

r) ?

s) ?

A 6 (Kap. 3)

Strategien für den Umgang mit dem Lesebuch

1. Sich Orientieren	sich einen Überblick verschaffen über das Lesebuchangebot auf dem Markt
2. Bedarf klären:	• Schulform • Jahrgangsstufe, Bildungsniveau • Zulassung im Bundesland • Anschluss an Rahmenrichtlinien, Curricula, Lehrpläne • eigene Position zu Lehrplänen • Lernbereich
3. Konzeption studieren:	• die Philosophie eines Lesebuchs erarbeiten • Aufbau des Lesebuchs prüfen • Teilmedien sichten • Typ von Lesebuch bestimmen
4. Erschließungshilfen nutzen:	• Inhaltsverzeichnisse • Stichwortverzeichnisse • Worterklärungen • Überblicksdarstellungen über Inhalte/ Themen • Ziele in Lehrerhandbüchern • Register • Textsorten- und Autorenverzeichnisse
5. Lehr-/Lernziele festlegen:	• Vertrautmachen mit einer Gattung • Entwicklung von Lese-/Deutungsfähigkeiten • Fördern kritischen Lesens • Einführen in lyrische Formen • Aufbau methodischer Kompetenzen • u.a.m.
6. Klären, was für den Unterricht gebraucht wird:	• Themen • Texte • Medien • Gattungen/Textsorten • Methodische Kompetenzen • Hintergrundinformationen • Arbeitsblätter
7. Lesebuchangebote in den eigenen Unterrichtsplan integrieren:	• als Unterrichtsgrundlage • als Ergänzung • etc.

A 7 (Kap. 3)

Prüfende Fragen an ein Lesebuch aus der Schülerperpektive

Fragen	Strukturelemente im LB
1. Lässt das Lesebuch Raum für Text-/ Leseerfahrungen?	Aufgabentyp Trennung von Aufgabe und Text
2. Wird ein selbstständiger Textumgang angeregt?	Arbeitsimpulse, Recherche, Tipps, Leseecken, Magazine Erschließungskategorien
3. Wird die selbstständige Informationsgewinnung gefördert?	Recherche, Randbemerkungen
4. Werden Denk-/Arbeitsformen vermittelt?	Schemata, Tabellen, Tipps zur Arbeitsdurchführung, Merkhilfen, Fragetechniken
5. Werden Lernen-zu-lernen-Fähigkeiten gefördert?	Zusammenfassungen, Wiederholungen, Büffelecken, Arbeitstechniken, Lernstrategien, Fragestrategien
6. Werden Freiarbeitsphasen eingeplant und Projekte angeregt?	Leseecken, Lesetipps, Ideenkisten, Schmökerecken, Magazine
7. Sind die Aufgaben lösbar?	Aufgaben
8. Sind die Texte verständlich und motivierend?	Texte
9. Sind die Themen ansprechend und lebensweltbezogen?	Themensequenzen, Texte

Verzeichnis von Lesebüchern

Lesebücher 1960–1990

ansichten	H, R, GS, G
	Kamp-Verlag 1979 ff. Hrsg. v. A. C. Baumgärtner + Lehrerkommentar
Arbeitsbuch Deutsch	Sek I (schulformübergreifend)
	Schwann-Verlag 1973 ff. Bearb. v. J. Assheuer/P. Braun/ W. Kluge u. a. in Verb. mit G. Ott
Arbeitsbuch Literatur	R
	Schwann-Verlag 1971 ff. Bearb. v. S. Baulitz/G. Bohnen/ H. J. Jungheim u. a. in Verb. mit G. Ott
Begegnungen	G
	Schroedel-Verlag 1966 ff. Bearb. v. H. Caspers + Lehrerbeihefte
Deutschstunden Lesebuch	R, G
	Schroedel-Verlag 1986 ff. Hrsg. v. J. Cornelißen/P. Cornelißen/ H. Flad/H. Frommer/T. Herold/ E. Langbein + Lehrerband
drucksachen	H, R, G
	Pro Schule-Verlag 1974 ff. Hrsg. v. M. Dahrendorf + Lehrerband
Kritisches Lesen	Sek I (schulformübergreifend)
	Diesterweg-Verlag 1973 ff. Erarb. v. Mitgliedern des Bremer Kollektivs + Lehrerband

Lesen Darstellen Begreifen	H, R, GS, G
	Hirschgraben-Verlag 1970 ff. Hrsg. v. F. Hebel/G. Kleinschmidt + Lehrerhandbuch + Schülerarbeitsheft
Lesebuch	H, R, G
	Klett-Verlag 1965 ff. Erarb. v. E. Ammon/F. Domhof/ J. Ehni/H. Helmers u. a. + Lehrerheft
Lesebuch 65	G, R, H (Ausgabe A, B, C)
	Schroedel-Verlag 1965 ff. Hrsg. v. K. Gerth/A. Blumenthal u. a. + Lehrerhandbuch
Lesebuch für die Hauptschulen	H
	Klett-Verlag 1967 ff. Hrsg. v. H. Helmers + Lehrerhandbuch + Schülerarbeitsheft
Lesereise	Sek I
	Cornelsen-Verlag 1985 ff. Hrsg. v. H. Holzbauer + Lehrerheft
Lesezeichen Ausgabe A/B	R, G Klett-Verlag 1981 ff. Erarb. v. S. Hein/G. Kluge/D. Schrey u. a. + Lehrerband + Schülerarbeitsheft
Lesezeichen Grundausgabe und Ausgabe C	OR, H, GS Klett-Verlag 1982 ff. Erarb. v. G. Lange/D. Marquardt/ L. Petzoldt/W. Ziesenis + Lehrerband + Schülerarbeitsheft

schwarz auf weiß

Sek I (schulformübergreifend)

Schroedel-Verlag 1967
Hrsg. v. J. Bauer
+ Lehrerhandbuch

Texte für die Sekundarstufe

Sek I (schulformübergreifend)

Schroedel-Verlag 1973 ff.
Hrsg. v. K. Gerth u. a.
+ Lehrerband

Umgang mit Texten

G

Schwann-Verlag 1975 ff.
Bearb. v. K. Fingerhut/O. Hoppe/
O. Hussong
+ Lehrerhandbuch

Versäumte Lektionen
Entwurf eines Lesebuchs

S. Mohn-Verlag 1965
Hrsg. v. P. Glotz/W. R. Langenbucher

Wege zum Lesen

H, R

Diesterweg-Verlag 1987 ff.
Erarb. v. R. Friedrichs
+ Lehrerband

westermann texte deutsch

H, GS, R, G

Westermann-Verlag 1976 ff.
Bearb. v. M. Behrendt/K. Foldenhauer
u. a.

+ Lehrerband

Lesebücher 1990–2002

ansichten	H, R, GS, G
	Verlag Ferdinand Kamp 1991 ff.
	Hrsg. v. B. Coldewey/H. J. Heinz unter
	Mitwirkung von C. Baumgärtner
	+ Lehrerkommentar
Augenblicke	Sek. I
	Westermann-Verlag 1999 ff.
	Hrsg. v. U. Dorenkamp, H. Melzer,
	R. Nussbaum, B. Pfeiffer
Bausteine Deutsch	Fö, H, R
	Moritz-Diesterweg Verlag 1990 ff.
	Hrsg. v. M. Kleinschmidt
	+ Lehrerhandreichung
	+ Schülerarbeitsheft
Bücherwurm	GR
Mein Lesebuch	
	Ernst-Klett-Grundschulverlag 1997 ff.
	Hrsg. v. I. Stangner/A. Braun/
	U. Herbst/H. Krahnepuhl/H. Manthey
	+ Lehrerband
	+ Übungsheft
Das Hirschgraben-Lesebuch	Fö, H, R
	Cornelsen-Verlag 1990 ff. RSR 1997 ff.
	Bearb. von H. Haller, P. Kohrs,
	K. Lohrer, K. Stocker
	+ Lehrerhandbuch
Das lesende Klassenzimmer	H, R, GS
	Oldenbourg-Verlag 1997 ff.
	Hrsg. v. J. Greil
Der neue Kolumbus	H, R, GS
	Buchners Verlag 1995 ff.
	Hrsg. v. H. G. Rötzer

Deutsch plus	G
	Volk und Wissen 2002 ff. Hrsg. v. C. Gansel/F. Jürgens/K. Rose + Lehrerband Schülerarbeitsheft, CD-ROM
Deutsch. Texte – Literatur – Medien	R, G
	Volk und Wissen 1994 ff.; RSR 1997 ff. Hrsg. v. W. Bütow + Lehrerband
Deutschbuch (erweiterte Ausgabe)	R, G
	Cornelsen-Verlag 1997 ff. Hrsg. v. H. Biermann/B. Schurf + Lehrerband + Schülerarbeitshefte + Lernsoftware
Deutschbuch Grundausgabe	R
	Cornelsen-Verlag 1999 ff. Hrsg. v. H. Biermann/B. Schurf + Lehrerhandbuch + Schülerarbeitsheft
Deutschstunden Lesebuch (allgemeine Ausgabe)	R, G
	Cornelsen-Verlag RSR 1997 ff. Hrsg. v. J. Cornelißen/P. Cornelißen/ H. Flad/H. Frommer/T. Herold/ E. Langbein + Lehrerhandbuch
Doppel-Klick	H, GS
	Cornelsen-Verlag 2001 ff. Hrsg. v. R. Kulke + Lehrerhandreichung + Arbeitshefte (DaM; DaZ)

Europäisches Lesebuch	G
	Oldenbourg-Verlag 1992 ff.
	Hrsg. v. A. Steets/G. Barmeyer/R. Benl
Europäische Nachbarn	O
	Klett-Verlag 2000
	Hrsg. v. H. Wittenberg
	+ Lehrerheft
Facetten	O
	Klett-Verlag 2001.
	Hrsg. v. B. Bialkowski/G. Einecke et al.
	+ Lehrerband (on-line)
Jojo Lesebuch	GR
	Cornelsen-Verlag 1996 ff.
	Hrsg. v. E. Dransfeld/F. Dransfeld/
	H. Schaub/G. Schulz/I. Böttcher
	+ Lehrerhandbuch
	+ Arbeitsheft Textwerkstatt
Kompass	H, R, O, M, GS
	Schöningh-Verlag 1999 ff.
	Erarb. v. H. Alle/D. Berkener/
	M. Binder/M. Felder/S. Michels/
	J. Ossner
Lektüre	G
	Schroedel-Verlag 1991 ff.
	Hrsg. v. H. Müller-Michaels
	+ Lehrerband
LEO – Lesen, Entdecken, Organsisieren	H, G, GS
	Klett-Verlag 2000 ff.
	Erarb. v. LEO-Team
	+ Lehrerheft
LesArt	G
	C. C. Buchner-Verlag 1994 ff.
	Bearb. v. H. G. Rötzer
	+ Lehrerheft

Lesebuch	Regel-/Sekundarschulen
	Moritz-Diesterweg-Verlag 1990 ff. Neubearb. 1997 ff. Hrsg. v. B. Mayer/ F. Winterling + Lehrerheft
Lesebuch	allgem. Schulen; Sek. I. Volk und Wissen-Verlag 1991 ff.; RSR 1997 ff. Hrsg. v. W. Bütow/ R. Gerecke/I. Haust + Lehrerbeihefte
Leseland	H, M, R Metzler-Verlag 1990 ff. Hrsg. v. K. Arnold/W. Kißling + Lehrerband + Kassette
Lesen Darstellen Begreifen	H, R, G Cornelsen-Verlag RSR 1991 ff. Hrsg. v. F. Hebel + Lehrerband + Schülerarbeitsheft
Lesen Darstellen Begreifen Ausgabe A	H, R, G Cornelsen-Verlag 1996 ff. Hrsg. v. H. v. Ebke/F. Hebel/ G. Kleinschmidt + Lehrerband + Schülerarbeitshefte
lesenswert	R Cornelsen-Verlag 1991 ff. Bearb. v. J. Cornelißen/H. Flad/ D. Franken u. a. + Lehrerband
Lesereise	Sek. I Cornelsen-Verlag Bd. 10 Neubearb. 1995, Hrsg. v. H. Holzbauer + Lehrerheft

Lesestunden	Sek. I
	Kamp-Verlag 1991 ff. Hrsg. v. I. Drews/G. Haas u. a. + Lehrerkommentar
Lesezeichen	M, R, G, GS
	Klett-Verlag 1996 ff. Erarb. v. S. Hein/G. Kluge u. a. + Lehrerband
Literatur. Deutsch	Sek. II
	Volk und Wissen-Verlag 1998 ff. Hrsg. v. W. Brauer/H. Jonas/H. Korte + Lehrerband
Magazin – Ein Lesebuch für junge Leute	H, R
	Cornelsen-Verlag 1999 ff. Erarb. v. G. Eßer/C. Fleig/ H. Gabel-Mouka u. a. + Lehrerhandbuch + Arbeitshefte
Seitenwechsel	G
	Schroedel-Verlag RSR 1997 ff. Erarb. v. W. Bauer/H. J. Busch/ M. Dehmer u. a. + Lehrerhandreichungen
Tandem	R, GS, O, M
	Schöningh-Verlag 1995 ff. Hrsg. v. J. Ossner/R. Denk/M. Fink + Lehrerband
Treffpunkte	H
	Schroedel-Verlag 1988 ff. Neubearb. 2000 ff. Hrsg. v. W. Menzel + Lehrerband + Arbeitsheft

Treffpunkte
(erweiterte Ausgabe)

R

Schroedel-Verlag 1992/93 ff. Neubearb.
2000 ff.
Hrsg. v. W. Menzel
+ Lehrerband
+ Lesetrainingsheft 5/6

Unterwegs

Fö, M, R, G, GS

Klett-Verlag 1992 ff.
Erarb. v. E. Bleier-Staudt/K. Bothe/G.
Lange u. a.
+ Lehrerheft

Wege zum Lesen

G

Diesterweg-Verlag 1997 ff.
Erarb. v. R. Friedrichs
+ Lehrerband

Wort und Sinn

G + Sek. I.

Schöningh-Verlag 1998 ff.
Hrsg. v. P. Mettenleiter

wortstark

H, R, O

Schroedel-Verlag 1996 ff.
Erarb. v. G. Bosbek/R. Brauer/
U. Busse u. a.
+ Lehrerband
+ Werkstattheft
+ Unterrichtssoftware

*A = Gymnasium
 B = Realschule
 C = Hauptschule

Literaturverzeichnis

Arnold, Heinz Ludwig: Das Lesebuch der 70er Jahre. Köln: Kiepenhauer & Witsch 1973.

Ballstaedt, Steffen-Peter/Molitor, Sylvie/Mandl, Heinz: Wissen aus Text und Bild. (Forschungsbericht Nr. 40). Tübingen: DIFF 1987.

Bamberger, Richard/Vanecek, Erich: Lesen – Verstehen – Lernen – Schreiben. Die Schwierigkeiten von Texten in deutscher Sprache. Frankfurt a. M.: Diesterweg 1984.

Bartlett, Frederic C.: Remembering. A study in experiental and social psychology. Cambridge: Cambridge University Press 1932.

Bauer, Johann: Einführung in die literaturpädagogische Konzeption des Lesebuchs schwarz auf weiß. Hannover: Schroedel-Schulbuchverlag 1970.

Bauer, Johann (Hrsg.): Lernziele, Kurse, Analysen zu schwarz auf weiß Sekundarstufe V. Hannover: Schroedel 1973.

Baumgärtner, Alfred Clemens: Literarische Erziehung mit dem Lesebuch. Auswahl. Bochum: Kamp 1969.

Baumgärtner, Alfred Clemens: Literaturunterricht mit dem Lesebuch. Bochum: Kamp 1974.

Baumgärtner, Alfred Clemens: Aus der Geschichte des Schulbuchs. Anmerkung zu einigen exemplarischen Lehrwerken. In: Blickpunkt Schulbuch (24), 1981, S. 33–38.

Baumgärtner, Alfred Clemens: Lesebücher – 200 Jahre alt und immer im Wandel. In: Die Grundschule (1), 1981, S. 40–44.

Beinlich, Alexander: Textgrundlagen der Leseerziehung. In: Baumgärtner, Alfred Clemens (Hrsg.): Lesen – ein Handbuch. Hamburg: Verlag für Buchmarkt-Forschung 1973.

Boueke, Dietrich: Lesebuch. In: Doderer, Klaus (Hrsg.): Lexikon der Kinder- und Jugendliteratur. 2. Band. Weinheim/Basel: Beltz 1984, S. 350–352.

Braun, Peter (Hrsg.): Neue Lesebücher – Analyse und Kritik. Band 5. Literatur in der Gesellschaft. Düsseldorf: Bertelsmann 1972.

Brown, Ann L.: Metakognition, Handlungskontrolle, Selbststeuerung und andere, noch geheimnisvollere Mechanismen. In Weinert, Franz E./Kluwe, Rainer H. (Hrsg.): Metakognition, Motivation und Lernen. Stuttgart: Kohlhammer 1984, S. 60–109.

Brunner, Reinhard/Gorschenek, Margareta/Rucktäschel, Annamaria: Kinder- und Jugendliteratur in Lesebüchern. In: Gorschenek, Margareta/Rucktäschel, Annamaria (Hrsg.): Kinder- und Jugendliteratur. München: W. Finck 1979, S. 239–258.

Buch, Wilfried: Lesebücher heute. Dortmund: Crüwell 1969.

Buchner, Christina: Neues Lesen, neues Lernen. Vom Lesefrust zur Leselust. 7. Aufl. Kirchzarten: VAK 1998.

Bütow, Wilfried: Lesebuchaufgaben. Indikator für Verstehens- und Lernkonzepte. In: Der Deutschunterricht 49 (9), 1996, S. 419–426.

Bursche, Ulrike: Stellenwert und Funktion von Literatur in neueren Lesebüchern. Wiss. Hausarbeit zur Ersten Staatsprüfung für das Lehramt an Grund- und Hauptschulen. Gießen 1978.

Crämer, Claudia/Füssenich, Iris/Schumann, Gabriele: Lesekompetenz erwerben und fördern. Braunschweig: Westermann 1998.

Cwojdrak, Günter: „Lesebuch und Weltbild". Literatur im Klassenzimmer. Halle: Mitteldeutscher Verlag 1968.

Dahrendorf, Malte: Leseerziehung oder literarästhetische Bildung? In: Westermanns Pädagogische Beiträge 21 (5), 1969, S. 265–277.

Dahrendorf, Malte: Eine neue Lesebuchgeneration. In: Ders.: Literaturdidaktik im Umbruch, Aufsätze zur Literaturdidaktik, Trivialliteratur, Jugendliteratur. Düsseldorf: Bertelsmann-Universitätsverlag 1975, S. 56ff.

Dahrendorf, Malte: Eine neue Lesebuch-Generation. Das Lesebuch als Antwort auf eine konkrete gesellschaftliche Situation 1973. In: Geiger, Heinz (Hrsg.), 1977, S. 171–208.

Echtermeier, Ernst Theodor: Auswahl deutscher Gedichte für gelehrte Schulen von Dr. Theodor Echtermeier. Halle: Weisenhaus 1836.

Ders.: Auswahl deutscher Gedichte für höhere Schulen. 20. Aufl. Hrsg. von Hermann Masius. Halle: Weisenhaus 1874.

Eco, Umberto: Lector in fabula. München: Hanser 1987.

Ehlers, Swantje: Lesetheorie und fremdsprachliche Lesepraxis aus der Perspektive des Deutschen als Fremdsprache. Tübingen: Narr Verlag 1998.

Eicher, Thomas (Hrsg.): Bücher machen – Bücher lesen. Band 3. Lesen und Medien. Oberhausen: Athena 1998.

Ehni, Jörg: Das Bild der Heimat im Schullesebuch. In: Bausinger, Hermann (Hrsg.): Volksleben. Tübingen: Tübinger Vereinigung für Volkskunde e. V. 1967.

Flitner, Wilhelm: Zur Lesebuchfrage. 1957. Wiederabgedr. in: Helmers, Hermann (Hrsg.) 1969, S. 14–27.

Frommholz, Rüdiger: Lesebuchkritik. In: Boueke, D. (Hrsg.): Deutschunterricht in der Diskussion. Forschungsberichte. Paderborn: Schöningh 1974, S. 419–441.

Fronemann, Wilhelm: Der Unterricht ohne Lesebuch. Köln: Schaffstein 1961.

Gärtner, Hans: Spaß an Büchern! Wie Kinder Leselust bekommen. München: Don Bosco 1997.

Gail, Anton J.: Das Lesebuch zwischen Erbe und Auftrag. In: Wirkendes Wort, 2. Sonderheft, 1954.

Geiger, Heinz (Hrsg.): Lesebuchdiskussion 1970–1975. München: W. Finck 1977.

Geißler, Rolf (Hrsg.): Interpretationshilfen zu : Modelle, ein literarisches Arbeitsbuch für Schulen, 7. bis 10. Schuljahr. München: Oldenbourg 1968.

Gerth, Klaus: Die Arbeit mit dem Lesebuch im siebenten bis neunten Schuljahr. Interpretationen, didaktische Überlegungen, methodische Vorschläge zum „Lesebuch 65". Hannover u. a.: Schroedel 1966.

Gerth, Klaus: Beiträge zum literarischen Unterricht in der Realschule 7. 7/8. Klasse. Hannover: Schroedel 1966.

Glotz, Peter/Langenbucher, Wolfgang R. (Hrsg.): Versäumte Lektionen. Entwurf eines Lesebuchs. Gütersloh: S. Mohn-Verlag 1965.

Günnewig, Heinz: Lesenlehren – Lesenlernen. Stuttgart u. a.: Kohlhammer 1981.

Haas, Gerhard: Handlungs- und produktionsorientierter Literaturunterricht in der Sekundarstufe I. Hannover: Schroedel 1984.

Habermas, Jürgen: Zur Entwicklung der Interaktionskompetenz. Frankfurt: Gesellschaft zur Förderung der Wissenschaft 1975.

Hacker, Hartmut (Hrsg.): Das Schulbuch. Funktion und Verwendung im Unterricht. Bad Heilbronn: J. Klinkhardt, 1970.

Hacker, Hartmut: Anmerkungen zu einer Didaktik des Schulbuchs. In: Bildung und Erziehung 33 (2), 1980, S. 127–135.

Härter, Andreas: Textpassagen. Lesen – Leseunterricht – Lesebuch. Frankfurt a. M.: Diesterweg 1991.

Hahn, Manfred: Leseerziehung in der Hauptschule. Baltmannsweiler (Hohengehren): Schneider Verlag 1999.

Hasubek, Peter: Das deutsche Lesebuch in der Zeit des Nationalsozialismus. Ein Beitrag zur Literaturpädagogik zwischen 1933 und 1945. Hannover 1972.

Hasubek, Peter: Das Lesebuch nach 1945. In: Lange, Günter et al. (Hrsg.): Taschenbuch des Deutschunterrichts, Bd. 2. Hohengehren: Schneider Verlag 1990, S. 486–507.

Helmers, Hermann (Hrsg.): Die Diskussion um das deutsche Lesebuch. Darmstadt: Wiss. Buchgesellschaft 1969.

Helmers, Hermann: Geschichte des deutschen Lesebuchs in Grundzügen. Stuttgart: Klett 1970.

Helmers, Hermann: Fortschritt des Literaturunterrichts. Modell einer konkreten Reform. Stuttgart: Metzler 1974.

Henning, Günther/Willecke, Rudolf: Was uns deutsche Schulbücher sagen. Eine empirische Untersuchung der genehmigten Deutsch-, Politik- und Religionsbücher. Bonn: Forschungsstelle Jugend und Familie 1982.

Hiecke, Robert Heinrich: Handbuch deutscher Prosa für obere Gymnasialclassen, enthaltend eine auf Erweiterung des Gedankenkreises und Bildung und Darstellung gerechnete Sammlung auserlesener Prosastücke. Leipzig: Eisenach 1835.

Ders.: Deutsches Lesebuch für obere Gymnasialclassen. Leipzig: Eisenach 1866.

Hohmann, Joachim S.: Frauen und Mädchen in faschistischen Lesebüchern und Fibeln. Köln: Pahl-Rugenstein 1986.

Hohmann, Joachim S.: Deutschunterricht und Deutschlesebuch 1947/48–1968. In: Hohmann, Joachim S. (Hrsg.): Deutschunterricht zwischen Bildungsnot und Bildungskrise. Frankfurt a. M.: Lang 1992, S. 7–23.

Ide, Heinz: Zur theoretischen Grundlegung dreier Lesewerke. In: Ide (Hrsg.) 1971, S. 41–50.

Ide, Heinz (Hrsg.): Bestandsaufnahme Deutschunterricht – ein Fach in der Krise. 2. Aufl., Stuttgart: Metzler 1971.

Ingarden, Roman: Das literarische Kunstwerk. Halle: Niemeyer 1931.

Iser, Wolfgang: Der implizite Leser. München: Fink 1972.

Kickler, H./Luhmann, Heinrich u. a. (Hrsg.): Dich ruft dein Volk: Deutsches Lesebuch für Haupt- und Mittelschulen. Bielefeld: Velhagen & Klasing 1941.

Killus, Dagmar: Das Schulbuch im Deutschunterricht der Sekundarstufe I. Ergebnisse einer Umfrage unter Lehrern aus vier Bundesländern. Münster: Waxmann 1997.

Klose, Werner: Drucksachen – Drecksachen. In: Die Zeit, Nr. 3, 1975, S. 17 ff.

Kreft, Jürgen: Die Diskussion über das neue Lesebuch als literaturdidaktisches Paradigma. In: Kreft/Ott 1971, S. 7–71.

Kreft, Jürgen/Ott, Günther: Lesebuch und Fachcurriculum. Düsseldorf: Schwann 1971.

Krogoll, Johannes: Lesebuchforschung. In: Mitteilungen des deutschen Germanistenverbandes 25 (4), 1978, S. 6–32.

Langenbucher, Wolfgang: Wie man mit Lesebüchern Wahlkampf macht – inszenierte Konflikte und das Lesewerk „drucksachen". In: Langenbucher, Wolfgang: Aus Lesebüchern lernen. Düsseldorf: Pro Schule Verlag 1977, S. 55–87.

Laermann, Klaus: Das Lesebuch als gesellschaftliche Institution. In: alternative 45, 1965, S. 249–254.

Marenbach, Dieter: Das Lesebuch. In: Hacker (Hrsg.) 1980, S. 69–86.

Melzer, Helmut: Das Lesebuch in der Sekundarstufe I. In: Baurmann, Jürgen/Hoppe, Otfried (Hrsg.): Handbuch für Deutschlehrer. Stuttgart: Kohlhammer 1984, S. 221–242.

Merkelbach, Valentin: Lesebuchartikel. In: Dingeldey, Erika/Vogt, Jochen (Hrsg.): Kritische Stichwörter zum Deutschunterricht, München: W. Fink, 1974, S. 101–120.

Meyer, Friedhilde: „Historische Balladen" in neueren Hauptschul-Lesebüchern. Eine Untersuchung zum Verhältnis von Literatur und Geschichte in Text und Unterricht. Bd. 1. Hamburg: Kovac 1991.

Minder, Robert: Soziologie der deutschen und französischen Lesebücher. 1953. Abgedr. in: Helmers (Hrsg.), 1969, S. 1–13.

Mörchen, Helmut: Übersetzung im Lesebuch. Heidelberg: Universitäts-Verlag 1985

Müller-Michaels, Harro: Didaktische Wertung. Anmerkungen zur Kanon-Diskussion. In: Jahrbuch der Deutschdidaktik. Tübingen: Narr Verlag 1980, S. 136–148.

Olechowski, Richard (Hrsg.): Schulbuchforschung. Frankfurt a. M.: P. Lang 1995.

Poenicke, Anke: Die Darstellung Afrikas in europäischen Schulbüchern für Französisch am Beispiel Englands, Frankreichs und Deutschlands. Frankfurt a. M.: Lang 1995.

Pöggeler, Franz (Hrsg.): Politik im Schulbuch. Bonn: Bundeszentrale für politische Bildung 1985.

Prestel, Josef: Lesen. In: Geißler, Georg (Hrsg.): Quellen zur Unterrichtslehre. Weinheim: Beltz 1963, S. 172–188.

Rahmenplan Deutsch Sekundarstufe I. Hrsg. v. Hessischen Kultusministerium 1995.

Rahmenplan für Unterricht und Erziehung in der Berliner Schule. Deutsch. Gymnasium Klasse 12 bis 13 (Gymnasiale Oberstufe). Hrsg. v. Senatsverwaltung für Schule, Jugend und Sport. Berlin 1995.

Reger, Harald: Soziologische Strukturen der Grundschul-Lesebücher. Wuppertal u. a.: A. Henn-Verlag 1971.

Richtlinien und Lehrpläne für die Sekundarstufe I – Gesamtschule in Nordrhein-Westfalen. Deutsch. Hrsg. v. Ministerium für Schule und Weiterbildung, Wissenschaft und Forschung des Landes Nordrhein-Westfalen 1998.

Richtlinien und Lehrpläne für die Oberstufe von Gymnasium und Gesamtschule in Nordrhein-Westfalen. Hrsg. v. Der Kultusminister des Landes Nordrhein-Westfalen 1999.

Ritz-Fröhlich, Gertrud: Weltsicht und Weltverständnis im Lesebuch der Volksschule. Weinheim: Beltz 1969.

Ritz-Fröhlich, Gertrud: Weiterführender Leseunterricht in der Grundschule. Bad Heilbrunn: Klinkhardt 1971.

Roeder, Peter-Martin: Zur Geschichte und Kritik des Lesebuchs der höheren Schule. Weinheim: Beltz 1961.

Rubinich, Johann: Der Stellenwert des Lesebuchs bei Lehrern und Schülern. Eine empirische Studie. Frankfurt a. M.: Lang 1996

Rumelhart, David: Schemata: The Building Blocks of Cognition. In: Spiro, Rand J. et al. (eds.): Theoretical Issues in Reading Comprehension. Hillsdale, N. J.: L. Erlbaum 1980, S. 33–58.

Schanze, Helmut: Literaturgeschichte und Lesebuch. Düsseldorf. Verlag Schwann 1981.

Schlewitt, Jörg: Lesebuchexpertise (I, II, III). Eine vergleichende Betrachtung zu Angeboten verschiedener Verlage. In: Der Deutschunterricht 46 (4), 1993, S. 209–217; (5), S. 258–264; (6), S. 315–326.

Schlewitt, Jörg: Zu Lesarten von Aufgabenstellungen in Lesebüchern. In: Der Deutschunterricht, 49 (11), 1996, S. 566 ff.

Schober, Otto: Lesebuch. In: Lange, Günter/Neumann, Karl/Ziesenis, Werner (Hrsg.): Taschenbuch des Deutschunterrichts, Bd. 2. Hohengehren: Schneider Verlag 1998, S. 508–531.

Schulz, Bernhard: Lesebuch und Einzelschrift. In: Beinlich, Alexander (Hrsg.): Handbuch des Deutschunterrichts im 1.–10. Schuljahr. 2. Bd., Emsdetten: Lechte 1970, S. 1111–1155.

Schwab, Gustav: Die deutsche Prosa von Moosheim bis auf unsere Tage. Eine Mustersammlung. 2 Tle. Stuttgart: Liesching 1843

Schwarz, Erwin: Der Leseunterricht I. Wie Kinder lesen lernen. Braunschweig: Westermann 1964.

Siebert, Horst: Der andere Teil Deutschlands in Schulbüchern der DDR und der BRD. Hamburg: Verlag für Buchmarkt-Forschung 1970.

Singer, Kurt: Lebendige Lese-Erziehung. Grundlegung und Praxis des Literaturunterrichts. 2. Aufl. München: Ehrenwirth 1965.

Stein, Gerd: Das Schulbuch – ein permanent aktuelles Thema: Oder: Schulbuchschelte als Herausforderung wissenschaftlicher Schulbucharbeit. In: Pädagogische Rundschau 10, 31. Jahrg. 1977, S. 882–893.

Stein, Gerd: Das Schulbuch im Spannungsfeld von pädagogischem Zweck, verlegerischer Investition und öffentlicher Kontrolle. In: Tewes, Bernhard (Hrsg.): Schulbuch und Politik. Paderborn: Schöningh 1979, S. 26–50.

Stein, Peter (Hrsg.): Wieviel Literatur brauchen Schüler? Stuttgart: Metzler 1980.

Strietzel, Horst: Das Profil des muttersprachlichen Literaturunterrichts im Spiegelbild einiger Lese- und Literaturbücher aus sozialistischen Ländern. In: Deutschunterricht (Berlin) 1965, S. 461–467.

Teistler, Gisela (Hrsg.): Bestandskatalog der deutschen Schulbücher im Georg-Eckert-Institut erschienen bis 1945. Hamm: Hahnsche Buchhandlung 1997.

Tomkowiak, Ingrid: Lesebuchgeschichten: Erzählstoffe in Schullesebüchern 1770–1920. Berlin u. a.: de Gruyter 1993.

Vanecek, Erich (Hrsg.): Schulische Leseförderung. Band 6. Schule – Wissenschaft – Politik. Frankfurt a. M. u. a.: Lang 1993.

Wackernagel, Wilhelm: Deutsches Lesebuch. 2 Tle. Basel: Schweighammer 1835/36.

Wackernagel, Wilhelm/Wackernagel, Karl Eduard Phillipp: Deutsches Lesebuch. 3 Tle., so ein 4. für den Lehrer. Stuttgart: Liesching 1843.

Waldmann, Günter: Grundzüge von Theorie und Praxis eines produktionsorientierten Literaturunterrichts. In: Hopster, Norbert (Hrsg.): Handbuch „Deutsch" für Schule und Hochschule. Sek. I. Paderborn: Schöningh 1984, S. 98–141.

Walz, Ursula: Lesewerke und Texte für die Grundschule In: Schwarz, Erwin (Hrsg.): Beiträge zur Reform der Grundschule Sonderband S 21/22. Frankfurt: Arbeitskreis Grundschule e. v. 1975.

Weidenmann, Bernd: Psychische Prozesse beim Verstehen von Bildern. Bern: Hans Huber 1988.

Wenz, Gustav/Müller, Wilhelm: Der Unterricht im Lesen an Volksschulen. In: Schriften für die Schulpraxis. Pädagogische Reihe. Heft 14. Frankfurt a. M.: Atlantik 1965.

Winko, Simone: Literarische Wertung und Kanonbildung. In: Arnold, Heinz L./Detering, Heinrich (Hrsg.): Grundzüge der Literaturwissenschaft. München: dtv 2001, S. 585–600.

Verzeichnis der Abkürzungen

DaM	Deutsch als Muttersprache
DaZ	Deutsch als Zweitsprache
Fö	Förderstufe
G	Gymnasium
GR	Grundschule
GS	Gesamtschule
H	Hauptschule
KJL	Kinder-/Jugendliteratur
LB	Lesebuch
lit.	literarisch
M	Mittelschule
O	Oberstufe
OR	Orientierungsstufe
R	Realschule
RSR	Rechtschreibreform

Ingrid Hintz

Das Lesetagebuch

intensiv lesen, produktiv schreiben, frei arbeiten

Bestandsausnahme und Neubestimmung einer Methode zur Auseinandersetzung mit Büchern im Deutschunterricht. Deutschdidaktik aktuell Band 12
2002. IX, 303 Seiten. Kt. ISBN 3896766147. € 19,80

In der fachdidaktischen Diskussion über den Deutschunterricht herrscht trotz unterschiedlicher Positionen weitgehend Einigkeit darüber, dass die **Förderung des Lesens** – auch des Lesens von Büchern – und die Befähigung zur Auseinandersetzung mit Gelesenem wichtige Zielsetzungen sind, deren Erreichung wesentlich von den Inhalten des Unterrichts und (mehr noch) von den gewählten Methoden abhängig ist. In diesem Zusammenhang wird häufig die Empfehlung gegeben, von den Schülerinnen und Schülern ein **Lesetagebuch** erstellen zu lassen, das begleitend zum Lesen geschrieben und gestaltet wird. Die Erforschung dieses Verfahrens, die Entfaltung der möglichen Bedeutung für den Umgang mit Büchern im Deutschunterricht und praxisnahe Tipps für die Umsetzung sind Gegenstand der vorliegenden Arbeit.

Im ersten Teil geht es um grundlegende **Aspekte des Lesens**, speziell des Lesens von **Kinder- und Jugendliteratur im Deutschunterricht**, verbunden mit Überlegungen zum produktiven Umgang mit Gelesenem, zum schreibdidaktischen Kontext und zu geöffnetem Unterricht. Im Anschluss daran gibt der zweite Teil einen **problemgeschichtlichen Überblick** zum Lesetagebuch und seinen unterschiedlichen Verwendungszusammenhängen. Der dritte Teil beschäftigt sich mit dem **Begriff Lese*tagebuch*** und entfaltet, welche Bedeutung das Tagebuchschreiben für die Schreiberinnen und Schreiber haben kann. Der umfangreiche vierte Teil enthält die **Inhaltsanalyse konkreter Lesetagebücher**, die von niedersächsischen Schülerinnen und Schülern der Klassen 5 bis 10 im Deutschunterricht begleitend zum Lesen von Jugendbüchern angefertigt wurden und als Dokumente der individuellen Auseinandersetzung mit dem jeweils gelesenen Buch anzusehen sind. Die bei der Untersuchung festgestellten Auseinandersetzungsweisen werden gebündelt und kategorisiert. Zusammenfassend wird begründet, dass das Lesetagebuch eine geeignete Methode zur Auseinandersetzung mit Kinder- und Jugendbüchern im Deutschunterricht ist. Im letzten Teil werden **didaktische Perspektiven** für den Einsatz von Lesetagebüchern im Unterricht entfaltet, die in der Neuformulierung eines Handzettels mit Anregungen für Schülerinnen und Schüler konkretisiert werden.

Schneider Verlag Hohengehren
Wilhelmstr. 13; D-73666 Baltmannsweiler